Paleo kuharske mojstrovine 2023

Okusna in zdrava prehrana brez žit in mlečnih izdelkov

Petra Novak

Kazalo

Dimljena otroška zarebrnica z jabolčno gorčično omako 11
RIB 11
omaka 11
Svinjina na žaru v pečici na podeželski način s svežo ananasovo solato 14
Pikanten svinjski golaž 16
golaž 16
Zelje 16
Italijanske mesne kroglice iz klobase Marinara z narezanim koromačem in
čebulnim sotom 18
Noisette 18
Marinirajte 18
Svinjski polnjeni bučkini čolni z baziliko in pinjolami 20
Sklede z rezanci iz svinjine in ananasa s kokosovim mlekom in zelišči 22
Pikantni svinjski zrezki na žaru s solato iz kislih kumar 24
Zucchini-Crust Pica s pestom iz suhih paradižnikov, papriko in italijansko klobaso
.... 26
Dimljena limonino-koriandrova jagnječja stegna s šparglji na žaru 28
Jagnječji vroč lonec 30
Jagnječja enolončnica z rezanci korenine zelene 32
Francoski jagnječji kotleti s čatnijem iz granatnega jabolka 34
Chutney 34
jagnječje zarebrnice 34
Chimichurri jagnječji kotleti s sotirano radičevo solato 36
Jagnječji kotleti z sarkom in žajbljem z remulado iz sladkega krompirja in korenčka
.... 38
Jagnječji kotleti s šalotko, meto in origanom 40
Jagnjetina 40
Solata 40
Jagnječji burgerji z vrtom in kulijem iz rdeče paprike 42
Rdeča paprika Coulis 42
hamburger 42
Dvojni origanovi jagnječji ražnjiči s Tzatziki omako 45

Jagnječji ražnjiči 45
Tzatziki omaka 45
Ocvrt piščanec z žafranom in limono 47
Spatchcocked piščanec z Jicama Slaw 49
piščanec 49
zeljna solata 49
Pečen piščančji hrbet z vodko, korenčkom in paradižnikovo omako 52
Poulet Rôti in Rutabaga Frites 54
Trojni gobji coq au vin z drobnjakovim pirejem rutabagas 56
Peach-Brandy-Glazirane palčke 58
Peach-Brandy Glaze 58
V čiliju mariniran piščanec s solato iz manga in melone 60
piščanec 60
Solata 60
Piščančja bedra v slogu tandoori s kumarično raito 63
piščanec 63
Kumara Raita 63
Curry piščančja enolončnica s korenasto zelenjavo, šparglji in zelenim jabolkom z meto 65
Piščanec na žaru Paillard solata z malinami, peso in praženimi mandlji 67
Piščančje prsi, polnjene z brokolijem, s svežo paradižnikovo omako in cezarjevo solato 70
Piščančji zavitek shawarma na žaru z začinjeno zelenjavo in prelivom iz pinjol 72
V pečici dušene piščančje prsi z gobami, česnovo pretlačeno cvetačo in pečenimi šparglji 74
Tajska piščančja juha 76
Ocvrt piščanec z limono in žajbljem z endivijo 78
Piščanec z zeleno čebulo, vodno krešo in redkvicami 81
Piščanec Tikka Masala 83
Ras el Hanout piščančja bedra 86
Star Fruit Adobo piščančja bedra nad dušeno špinačo 88
Piščančji takosi iz zelja Poblano s Chipotle Mayo 90
Piščančja enolončnica z mladim korenjem in Bok Choy 92
Indijski oreščki-pomarančni piščanec in kaša iz paprike v zavitkih zelene solate ... 94
Vietnamski piščanec s kokosovo limonsko travo 96
Piščanec na žaru in jabolčna escarole solata 99

Toskanska piščančja juha z ohrovtovimi trakovi 101

Piščančji Larb 103

Piščančji burger z omako iz indijskih oreščkov Szechwan 105

Szechwan omaka iz indijskih oreščkov 105

Turški piščančji zavitki 107

Španske kokoši Cornish 109

Cornish pečene kokoši s pistacijami in solato iz rukole, marelic in koromača 111

Račje prsi z granatnim jabolkom in solato jicama 115

Zrezki na žaru z naribano korenasto zelenjavo 117

Azijska goveja in zelenjavna kaša 119

Fileji iz cedrovine z azijsko slanico in slano 121

V ponvi ocvrti tri-Tip zrezki s cvetačno peperonato 124

Ploščati zrezki au Poivre z gobovo dijonsko omako 126

zrezki 126

omaka 126

Ploščati zrezki na žaru s karamelizirano čebulo in salso salso 129

zrezki 129

Salsa solata 129

Karamelizirana čebula 129

Ribeyes na žaru z drobnjakom in česnom "na maslu" 132

Ribeye solata s peso na žaru 134

Kratka rebra v korejskem slogu s spraženim ingverjevim zeljem 136

Goveja kratka rebra z gremolato citrusov in koromača 139

RIB   139

Pečena buča 139

Gremolata 139

Zrezki na švedski način s solato iz gorčice in kopra 142

Kumarična solata 142

Goveje polpete 142

Dušeni goveji burgerji na rukoli s popečeno korenasto zelenjavo 146

Goveji burgerji na žaru s paradižniki v sezamovi skorjici 149

Hamburger na palčki z omako Baba Ghanoush 151

Dimljene polnjene paprike 153

Bison burger s cabernet čebulo in rukolo 155

Bizonova in jagnječja štruca na blitvi in sladkem krompirju 158

Jabolčno-ribezova omaka Bizonske polpete z bučkami Pappardelle 161
Noisette 161
Jabolčno-ribezova omaka 161
Bučke Pappardelle 161
Bison-Porcini Bolognese s pečenimi česnovimi špageti 164
Bison Chili con Carne 166
Maroško začinjeni bizonovi zrezki z limonami na žaru 168
Bizonov zrezek iz provansalskih zelišč 169
Kavno dušena bizonova kratka rebra z gremolato mandarine in mezgo iz korenine zelene 171
Marinada 171
Dušimo 171
Juha iz govejih kosti 174
Tunizijska svinjska pleča z začimbami in pikantnim sladkim krompirjevim krompirčkom 176
Svinjina 176
Pomfri 176
Kubansko svinjsko pleče na žaru 179
Italijanska začimba naribana svinjska pečenka z zelenjavo 182
Svinjski mol v počasnem kuhalniku 184
S kumino začinjena svinjska in bučna enolončnica 186
S sadjem polnjen zrezek iz ledja z žgano omako 188
Fry   188
Brandy omaka 188
Svinjska pečenka v stilu Porchetta 191
Tomatillo dušen svinjski hrbet 193
Svinjski file polnjen z marelicami 195
V zeliščih pečen svinjski file s hrustljavim česnovim oljem 197
Indijsko začinjena svinjina s kokosovo omako 198
Svinjski Scaloppini z začinjenimi jabolki in kostanjem 199
Svinjski Fajita Wok 202
Svinjski file s portovcem in suhimi slivami 203
Svinjina v slogu Moo Shu v solatnih skodelicah s hitro vloženo zelenjavo 205
Vložena zelenjava 205
Svinjina 205

Svinjski kotleti z makadamijo, žajbljem, figami in pire krompirjem 207
Svinjski kotleti iz pečenega rožmarina in sivke z grozdjem in praženimi orehi 209
Svinjski kotleti vse Fiorentine z brokolijem na žaru Rabe 211
Escarole, polnjeni svinjski kotleti 213
Svinjski kotleti z dijonskimi orehi 216
Orehova svinjina s špinačno solato iz robidnic 217
Svinjski šnicel s sladkim in kislim rdečim zeljem 219
Zelje 219
Svinjina 219

DIMLJENA OTROŠKA ZAREBRNICA Z JABOLČNO GORČIČNO OMAKO

MOKRO:1 ura mirovanja: 15 minut dimljenje: 4 ure kuhanje: 20 minut: 4 porcijeFOTOGRAFIJA

BOGAT OKUS IN MESNATA TEKSTURADIMLJENIH REBER ZAHTEVA NEKAJ HLADNEGA IN HRUSTLJAVEGA ZRAVEN. PRIMERNA JE SKORAJ VSAKA SLANA, LE KOMARČKOVA SLANA (GLEJRECEPTIN UPODOBLJENTUKAJ), JE ŠE POSEBEJ DOBER.

RIB

8 do 10 kosov jabolčnega ali hikorijevega lesa
3 do 3½ funtov svinjskih hrbtnih zarebrnic
¼ skodelice dimljene začimbe (glejrecept)

OMAKA

1 srednje veliko kuhano jabolko, olupljeno, razrezano in na tanke rezine narezano
¼ skodelice sesekljane čebule
¼ skodelice vode
¼ skodelice jabolčnega kisa
2 žlici dijonske gorčice (glejrecept)
2 do 3 žlice vode

1. Kose lesa namočite v toliko vode, da so pokriti vsaj 1 uro pred kajenjem. Pred uporabo odcedimo. Odrežite vidno maščobo z reber. Po potrebi odstranite tanko membrano z zadnje strani reber. Rebra položite v veliko plitvo ponev. Enakomerno potresemo z začimbami Smoky; vtrite s prsti. Pustite stati na sobni temperaturi 15 minut.

2. V kadilnico razporedite segreto oglje, odcejene lesne sekance in kotel za vodo po navodilih proizvajalca. V ponev nalijemo vodo. Rebra položite s kostmi navzdol na rešetko nad ponev. (Ali rebra položite v rešetko za rebra;

rešetko za rebra postavite na rešetko za žar.) Pokrijte in dimite 2 uri. Ves čas kajenja vzdržujte temperaturo približno 225 °F v kadilnici. Po potrebi dodajte dodatno oglje in vodo, da ohranite temperaturo in vlažnost.

3. Medtem za mop omako v majhni ponvi zmešajte jabolčne rezine, čebulo in ¼ skodelice vode. kuhar; Zmanjšajte toploto. Pokrito dušite 10 do 12 minut oziroma dokler jabolčne rezine niso zelo mehke, občasno premešajte. Rahlo ohladite; neodcejeno jabolko in čebulo prenesite v predelovalec hrane ali mešalnik. Pokrijte in predelajte ali mešajte, dokler ni gladka. Pire vrnite v ponev. Vmešajte kis in dijonsko gorčico. Na srednjem ognju kuhamo 5 minut, občasno premešamo. Dodajte 2 do 3 žlice vode (ali več, kot je potrebno), da postane omaka konsistence vinaigrette. Omako razdelimo na tretjine.

4. Po 2 urah rebra izdatno namažite s tretjino mop omake. Pokrijte in dimite še 1 uro. Ponovno premažite z drugo tretjino mop omake. Vsako rezino reber zavijte v debelo folijo in rebra vrnite v kadilnico ter jih po potrebi zložite eno na drugo. Pokrijte in dimite še 1 do 1½ ure ali dokler rebra niso mehka.*

5. Odvijte rebra in premažite s preostalo tretjino mop omake. Za serviranje rebra med kostmi odrežite.

*Namig: Če želite preizkusiti mehkobo reber, previdno odstranite folijo z enega od krožnikov za rebra. Rebrasto ploščo poberite s kleščami, tako da ploščo držite za zgornjo četrtino plošče. Rebra obrnite tako, da bo mesna stran obrnjena navzdol. Če so rebra mehka, bi moral krožnik začeti razpadati, ko ga dvignete. Če niso mehka, jih ponovno zavijte v folijo in nadaljujte z dimljenjem rebrc, dokler niso mehka.

SVINJINA NA ŽARU V PEČICI NA PODEŽELSKI NAČIN S SVEŽO ANANASOVO SOLATO

PRIPRAVE: 20 minut Priprava: 8 minut Peka: 1 ura 15 minut Naredi: 4 porcije

SVINJINA NA PODEŽELSKI NAČIN JE MESNATA, POCENI IN, ČE JE PRAVILNO OBDELAN - KOT KUHAN NIZKO IN POČASI V ZMEŠNJAVI OMAKE ZA ŽAR - TOPLJIVO MEHAK.

2 funta podeželskih reber brez kosti
¼ čajne žličke črnega popra
1 žlica rafiniranega kokosovega olja
½ skodelice svežega pomarančnega soka
1½ dl BBQ omake (glej recept)
3 skodelice narezanega zelenega in/ali rdečega zelja
1 skodelica naribanega korenja
2 dl drobno narezanega ananasa
⅓ skodelice Bright Citrus Vinaigrette (glejte recept)
BBQ omaka (glej recept) (neobvezno)

1. Pečico segrejte na 350°F. Svinjino potresemo s poprom. V zelo veliki ponvi segrejte kokosovo olje na srednje močnem ognju. Dodajte svinjska rebra; kuhajte 8 do 10 minut ali dokler ne porjavi in postane enakomerne barve. Rebra položite v 3-četrtinski pravokotni pekač.

2. Za omako v ponev dodajte pomarančni sok in premešajte, da postrgate morebitne porjavele koščke. Vmešajte 1½ skodelice BBQ omake. Z omako prelijemo rebra. Obrnite rebra, da jih premažete z omako (po potrebi uporabite čopič za pecivo, da omako premažete čez rebra). Pekač tesno pokrijemo z aluminijasto folijo.

3. Rebrca pečemo 1 uro. Odstranite folijo in rebra premažite z omako iz pekača. Pečemo še približno 15 minut oziroma dokler se rebra ne zmehčajo in porjavijo in se omaka rahlo zgosti.

4. Medtem za ananasovo solato zmešajte zelje, korenje, ananas in Bright Citrus Vinaigrette. Pokrijte in ohladite do serviranja.

5. Rebrca postrezite s slanico in po želji še z BBQ omako.

PIKANTEN SVINJSKI GOLAŽ

PRIPRAVE: 20 minut kuhanja: 40 minut pomeni: 6 obrokov

POSTREŽEJO ENOLONČNICO NA MADŽARSKI NAČINNA POSTELJICI IZ HRUSTLJAVEGA, KOMAJ OVENELEGA ZELJA ZA ENOHODNI OBROK. KUMINO ZDROBITE V TERILNIKU, ČE GA IMATE. ČE NE, JIH ZMEČKAJTE POD ŠIROKO STRANJO KUHARSKEGA NOŽA, TAKO DA S PESTJO NEŽNO PRITISNETE NOŽ NAVZDOL.

GOLAŽ

1½ funta mlete svinjine

2 skodelici sesekljane rdeče, oranžne in/ali rumene paprike

¾ skodelice drobno sesekljane rdeče čebule

1 majhen svež rdeč čili, brez jedra in drobno narezan (glejte napitnina)

4 čajne žličke Smoky Seasoning (glej recept)

1 čajna žlička kumine, zdrobljene

¼ čajne žličke mletega majarona ali origana

1 14-unčna pločevinka brez dodane soli narezan paradižnik, neodcejen

2 žlici rdečega vinskega kisa

1 žlica drobno naribane limonine lupinice

⅓ skodelice sesekljanega svežega peteršilja

ZELJE

2 žlici olivnega olja

1 srednja čebula, narezana na rezine

1 manjša glava zelenega ali rdečega zelja, brez sredice in na tanke rezine narezana

1. Za golaž kuhajte mleto svinjino, papriko in čebulo v veliki nizozemski pečici na srednje močnem ognju 8 do 10 minut ali dokler svinjina ni več rožnata in zelenjava hrustljava, mešajte z leseno žlico, da razdrobite meso. Odlijte maščobo. Zmanjšajte toploto na nizko; dodajte

rdeči čili, dimljene začimbe, semena kumine in majaron. Pokrijte in kuhajte 10 minut. Dodamo neodcejene paradižnike in kis. kuhar; Zmanjšajte toploto. Pokrito dušimo 20 minut.

2. Medtem, za zelje, v zelo veliki ponvi segrejte olje na srednjem ognju. Dodajte čebulo in kuhajte, dokler se ne zmehča, približno 2 minuti. Dodajte zelje; premešajte, da se združi. Zmanjšajte toploto na nizko. Kuhajte približno 8 minut ali dokler se zelje ne zmehča, občasno premešajte.

3. Za serviranje z žlico na krožnik stresite nekaj zeljne mešanice. Prelijemo z golažem in potresemo z limonino lupinico in peteršiljem.

ITALIJANSKE MESNE KROGLICE IZ KLOBASE MARINARA Z NAREZANIM KOROMAČEM IN ČEBULNIM SOTOM

PRIPRAVE: 30 minut peke: 30 minut kuhanja: 40 minut naredi: 4 do 6 obrokov

TA RECEPT JE REDEK PRIMERIZDELKA V PLOČEVINKAH, KI DELUJE TAKO DOBRO KOT – ČE NE BOLJE KOT – SVEŽA RAZLIČICA. RAZEN ČE IMATE ZELO, ZELO ZRELE PARADIŽNIKE, V OMAKI S SVEŽIMI PARADIŽNIKI NE BOSTE DOBILI TAKO DOBRE TEKSTURE, KOT JO LAHKO S PARADIŽNIKI V PLOČEVINKAH. PAZITE LE, DA UPORABLJATE IZDELEK BREZ DODANE SOLI – IN ŠE BOLJE, ORGANSKI.

NOISETTE

2 veliki jajci

½ skodelice mandljeve moke

8 strokov česna, sesekljanih

6 žlic suhega belega vina

1 žlica paprike

2 žlički črnega popra

1 čajna žlička semen komarčka, rahlo zdrobljenih

1 čajna žlička zdrobljenega posušenega origana

1 čajna žlička zdrobljenega posušenega timijana

¼ do ½ čajne žličke kajenskega popra

1½ funta mlete svinjine

MARINIRAJTE

2 žlici olivnega olja

2 15-unčni pločevinki nesoljenih zdrobljenih paradižnikov ali 1 28-unčna pločevinka nesoljenih zdrobljenih paradižnikov

½ skodelice sesekljane sveže bazilike

3 srednje velike čebulice koromača, razpolovljene, izrezane in na tanke rezine

1 velika sladka čebula, prepolovljena in na tanko narezana

1. Pečico segrejte na 375°F. Velik obrobljen pekač obložite s pergamentnim papirjem; dati na stran. V veliki skledi zmešajte jajca, mandljevo moko, 6 strokov mletega česna, 3 žlice vina, papriko, 1½ čajne žličke črnega popra, semena koromača, origano, timijan in kajenski poper. Dodajte svinjino; dobro premešaj. Svinjsko mešanico oblikujte v 1½-palčne mesne kroglice (imeti mora približno 24 mesnih kroglic); razporedite v eni plasti na pripravljen pekač. Pečemo približno 30 minut oziroma dokler ne dobijo barve, med peko pa jih enkrat obrnemo.

2. Medtem za omako marinara segrejte 1 žlico oljčnega olja v 4- do 6-litrski nizozemski pečici. Dodajte preostala 2 mleta stroka česna; kuhajte približno 1 minuto ali dokler ne začne barvati. Na hitro dodamo še preostale 3 žlice vina, zdrobljen paradižnik in baziliko. kuhar; Zmanjšajte toploto. Odkrito dušimo 5 minut. Kuhane polpete nežno vmešajte v omako marinara. Pokrijte in pustite vreti 25 do 30 minut.

3. Medtem segrejte preostalo 1 žlico oljčnega olja v veliki ponvi na zmernem ognju. Primešamo narezan koromač in čebulo. Kuhajte 8 do 10 minut ali dokler se ne zmehča in rahlo porjavi, pogosto mešajte. Začinite s preostalim ½ žličke črnega popra. Postrezite mesne kroglice in omako marinara čez komarčkovo in čebulno omako.

SVINJSKI POLNJENI BUČKINI ČOLNI Z BAZILIKO IN PINJOLAMI

PRIPRAVE: 20 minut kuhanja: 22 minut peke: 20 minut naredi: 4 porcije

OTROCI BODO OBOŽEVALI TO ZABAVNO JED IZDOLBENIH BUČK, POLNJENIH Z MLETIM MESOM, PARADIŽNIKOM IN PAPRIKO. PO ŽELJI VMEŠAJTE 3 ŽLICE BAZILIKINEGA PESTA (GLEJTE RECEPT) NAMESTO SVEŽE BAZILIKE, PETERŠILJA IN PINJOL.

2 srednji bučki

1 žlica ekstra deviškega oljčnega olja

12 unč mlete svinjine

¾ skodelice sesekljane čebule

2 stroka česna, sesekljana

1 dl sesekljanega paradižnika

⅔ skodelice drobno sesekljane rumene ali oranžne paprike

1 čajna žlička semen komarčka, rahlo zdrobljenih

½ žličke zdrobljenih kosmičev rdeče paprike

¼ skodelice sesekljane sveže bazilike

3 žlice sesekljanega svežega peteršilja

2 žlici pinjol, praženih (glej napitnina) in grobo sesekljan

1 čajna žlička drobno nastrgane limonine lupinice

1. Pečico segrejte na 350°F. Bučko prepolovite po dolžini in previdno postrgajte sredino, tako da ostane ¼ palca debela lupina. Bučkino maso na grobo narežemo in odstavimo. Polovice bučk razporedite s prerezano stranjo navzgor na pekač, obložen s folijo.

2. Za polnjenje segrejte oljčno olje v veliki ponvi na srednjem ognju. Dodajte mleto svinjino; kuhajte, dokler ni več rožnato, in mešajte z leseno žlico, da razdrobite meso. Odlijte maščobo. Ogenj znižajte na srednje. Dodajte

rezervirano bučkino kašo, čebulo in česen; kuhajte in mešajte približno 8 minut oziroma dokler se čebula ne zmehča. Primešamo paradižnik, papriko, semena koromača in mleto rdečo papriko. Kuhajte približno 10 minut ali dokler se paradižniki ne zmehčajo in začnejo razpadati. Ponev odstavimo z ognja. Vmešajte baziliko, peteršilj, pinjole in limonino lupinico. Nadev razdelimo med lupine bučk, narezane na majhne koščke. Pečemo 20 do 25 minut oziroma dokler lupine bučk niso hrustljave.

SKLEDE Z REZANCI IZ SVINJINE IN ANANASA S KOKOSOVIM MLEKOM IN ZELIŠČI

PRIPRAVE:30 minut Priprava: 15 minut Peka: 40 minut Naredi: 4 porcije<u>FOTOGRAFIJA</u>

1 velika buča špageti

2 žlici rafiniranega kokosovega olja

1 funt mlete svinjine

2 žlici drobno sesekljane zelene čebule

2 žlici svežega limetinega soka

1 žlica drobno sesekljanega svežega ingverja

6 strokov česna, sesekljanih

1 žlica mlete limonske trave

1 žlica rdečega curryja v tajskem slogu brez soli

1 skodelica sesekljane rdeče paprike

1 dl sesekljane čebule

½ skodelice julien korenčka

1 baby bok choy, narezan (3 skodelice)

1 dl narezanih svežih šampinjonov

1 ali 2 tajska ptičja čilija, narezana na tanke rezine (glej<u>napitnina</u>)

1 pločevinka naravnega kokosovega mleka po 13,5 unč (kot je Nature's Way)

½ skodelice piščančje kostne juhe (glej<u>recept</u>) ali piščančjo juho brez dodane soli

¼ skodelice svežega ananasovega soka

3 žlice nesoljenega masla iz indijskih oreščkov brez olja

1 skodelica svežega ananasa, narezanega na kocke

Rezine limete

Sveži koriander, meta in/ali tajska bazilika

Sesekljani praženi indijski oreščki

1. Pečico segrejte na 400°F. Špagete v mikrovalovni pečici kuhajte na visoki temperaturi 3 minute. Bučo po dolžini

previdno prerežemo na pol in iz nje postrgamo semena. Z 1 žlico kokosovega olja vtrite odrezane strani buče. Bučne polovice položite s prerezano stranjo navzdol na pekač. Pečemo 40 do 50 minut oziroma toliko časa, da bučo zlahka prebodemo z nožem. S konicami vilic postrgajte meso s kože in ga hranite na toplem, dokler ni pripravljeno za serviranje.

2. Medtem v srednji skledi zmešajte svinjino, kapesotato, limetin sok, ingver, česen, limonsko travo in curry; dobro premešaj. Preostalo 1 žlico kokosovega olja segrejte na srednje močnem ognju v zelo veliki ponvi. Dodajte mešanico svinjine; kuhajte, dokler ni več rožnato, in mešajte z leseno žlico, da razdrobite meso. Dodajte papriko, čebulo in korenje; kuhajte in mešajte približno 3 minute ali dokler zelenjava ni hrustljavo mehka. Primešajte bok choy, gobe, čili, kokosovo mleko, juho iz piščančjih kosti, ananasov sok in maslo iz indijskih oreščkov. kuhar; Zmanjšajte toploto. Dodajte ananas; pustimo vreti nepokrito, dokler se ne segreje.

3. Za serviranje razdelite špagete squash v štiri servirne sklede. Preko buče prelijemo svinjski curry. Postrezite z rezinami limete, zelišči in indijskimi oreščki.

PIKANTNI SVINJSKI ZREZKI NA ŽARU S SOLATO IZ KISLIH KUMAR

PRIPRAVE: 30 minut žara: 10 minut stati: 10 minut naredi: 4 porcije

HRUSTLJAVA KUMARIČNA SOLATA Z OKUSOM SVEŽE METE JE HLADILNO IN OSVEŽILNO DOPOLNILO ZAČINJENIM SVINJSKIM BURGERJEM.

⅓ skodelice olivnega olja

¼ skodelice sesekljane sveže mete

3 žlice belega vinskega kisa

8 strokov česna, sesekljanih

¼ čajne žličke črnega popra

2 srednji kumari, zelo tanko narezani

1 majhna čebula, narezana na tanke rezine (približno ½ skodelice)

1¼ do 1½ funtov mlete svinjine

¼ skodelice sesekljanega svežega cilantra

1 do 2 srednje velika sveža čilija jalapeño ali serrano, brez semen (po želji) in drobno narezana (glejte napitnina)

2 srednji rdeči papriki, brez sredice in na četrtine

2 žlici olivnega olja

1. V veliki skledi zmešajte ⅓ skodelice oljčnega olja, meto, kis, 2 mleta stroka česna in črni poper. Dodamo narezano kumaro in čebulo. Mešajte, dokler ni dobro prekrito. Pokrijte in ohladite do serviranja, pri tem pa enkrat ali dvakrat premešajte.

2. V veliki skledi zmešajte svinjino, cilantro, čili poper in preostalih 6 mletih strokov česna. Oblikujte štiri ¾ palca debele polpete. Četrtine paprike rahlo premažite z 2 žličkama olivnega olja.

3. Za žar na oglje ali plin postavite zrezke in četrtine paprike neposredno na srednji ogenj. Pokrijte in pecite na žaru, dokler termometer s takojšnjim odčitavanjem, vstavljen v stranice svinjskih polpetov, ne zabeleži 160 °F in četrtine popra ne postanejo mehke in rahlo zoglenele. Polpete in četrtine popra enkrat na polovici pečenja obrnite. Za zrezke počakajte 10 do 12 minut, za papriko pa 8 do 10 minut.

4. Ko so četrtine paprike pripravljene, jih zavijte v kos folije, da se popolnoma zaprejo. Pustite stati približno 10 minut ali dokler se dovolj ohladi, da ga lahko obvladate. Z ostrim nožem previdno odstranimo kožo paprike. Četrtine paprike po dolžini tanko narežemo.

5. Za serviranje kumarično solato in žlico enakomerno stresite na štiri velike servirne krožnike. Na vsak krožnik položimo svinjski zrezek. Na zrezke enakomerno položite rezine rdeče paprike.

ZUCCHINI-CRUST PICA S PESTOM IZ SUHIH PARADIŽNIKOV, PAPRIKO IN ITALIJANSKO KLOBASO

PRIPRAVE: 30 minut Priprava: 15 minut Peka: 30 minut Naredi: 4 porcije

TO JE PICA Z NOŽEM IN VILICAMI. PAZITE, DA KLOBASO IN PAPRIKO NARAHLO VTISNETE V S PESTOM OBLOŽENO SKORJO, DA SE NADEV DOVOLJ OPRIME, DA SE PICA LEPO REŽE.

- 2 žlici olivnega olja
- 1 žlica drobno mletih mandljev
- 1 veliko jajce, rahlo stepeno
- ½ skodelice mandljeve moke
- 1 žlica sesekljanega svežega origana
- ¼ čajne žličke črnega popra
- 3 stroki česna, sesekljani
- 3½ skodelice naribanih bučk (2 srednji)
- Italijanska klobasa (glej recept, spodaj)
- 1 žlica ekstra deviškega oljčnega olja
- 1 paprika (rumena, rdeča ali polovica vsake), brez jedra in narezana na zelo tanke trakove
- 1 majhna čebula, narezana na tanke rezine
- Pesto iz posušenih paradižnikov (glej recept, spodaj)

1. Pečico segrejte na 425°F. 12-palčni pekač za pico namažite z 2 žlicama olivnega olja. Potresemo z mletimi mandlji; dati na stran.

2. Za skorjo v veliki skledi zmešajte jajca, mandljevo moko, origano, črni poper in česen. Narezane bučke položite v čisto brisačo ali kos gaze. Tesno zavijte

DIMLJENA LIMONINO-KORIANDROVA JAGNJEČJA STEGNA S ŠPARGLJI NA ŽARU

MOKRO: 30 minut Priprava: 20 minut Žar: 45 minut Stoji: 10 minut Naredi: 6 do 8 porcij

TA JED JE PREPROSTA, A ELEGANTNA DVE SESTAVINI, KI PRIDETA NA SVOJ RAČUN SPOMLADI — JAGNJETINA IN ŠPARGLJI. PRAŽENJE KORIANDROVIH SEMEN IZBOLJŠA TOPEL, ZEMELJSKI, RAHLO TRPKI OKUS.

- 1 skodelica lesnih sekancev hikorije
- 2 žlici koriandrovih semen
- 2 žlici drobno naribane limonine lupinice
- 1½ žličke črnega popra
- 2 žlici sesekljanega svežega timijana
- 1 2- do 3-kilogramska jagnječja stegna brez kosti
- 2 šopka svežih špargljev
- 1 žlica oljčnega olja
- ¼ čajne žličke črnega popra
- 1 limona, narezana na četrtine

1. Hikorijev čips namočite v dovolj vode v skledi vsaj 30 minut pred kajenjem; dati na stran. Medtem pražite semena koriandra v majhni ponvi na zmernem ognju približno 2 minuti ali dokler ne zadišijo in pokajo, pogosto mešajte. Odstranite semena iz ponve; ohladimo. Ko se semena ohladijo, jih grobo zdrobite v terilniku (ali semena položite na desko za rezanje in jih zdrobite s hrbtno stranjo lesene žlice). V majhni skledi zmešajte zdrobljena semena koriandra, limonino lupinico, 1½ čajne žličke popra in timijan; dati na stran.

2. Z jagnječje pečenke odstranimo mrežo, če obstaja. Na delovni površini odprite pečenko z mastno stranjo navzdol. Polovico začimbne mešanice potresemo po mesu; vtrite s prsti. Zrezek zvijte in zavežite s štirimi do šestimi kosi kuhinjske vrvice iz 100% bombaža. Preostalo mešanico začimb potresemo po zunanjosti pečenke in rahlo pritisnemo, da se prime.

3. Za žar na oglje razporedite srednje vroče oglje po posodi za zbiranje tekočine. Testirajte na srednjem ognju nad posodo. Odcejene sekance potresemo po oglju. Pečeno jagnjetino položimo na rešetko žara nad ponev. Pokrijte in dimite 40 do 50 minut za srednjo (145 °F). (Za plinski žar predhodno segrejte žar. Zmanjšajte toploto na srednjo temperaturo. Prilagodite indirektno kuhanje. Dimite kot zgoraj, le da dodajte odcejene lesne sekance v skladu z navodili proizvajalca.) Pečeno ohlapno pokrijte s folijo. Pustite 10 minut pred rezanjem.

4. Medtem špargljem porežemo olesenele vršičke. V veliki skledi premešajte šparglje z oljčnim oljem in ¼ čajne žličke popra. Šparglje položite okoli zunanjih robov žara, neposredno nad oglje in pravokotno na rešetko žara. Pokrijte in pecite na žaru 5 do 6 minut, dokler se ne zmehča. Čez šparglje ožamemo rezine limone.

5. Jagnječji pečenki odstranimo vrvico in meso na tanko narežemo. Meso postrežemo s špargljem na žaru.

JAGNJEČJI VROČ LONEC

PRIPRAVE: 30 minut Priprava: 2 uri 40 minut Naredi: 4 porcije

POGREJTE SE S TO SLANO ENOLONČNICO JESENSKO ALI ZIMSKO NOČ. ENOLONČNICO POSTREŽEMO NA ŽAMETNI KAŠI IZ ZELENE IN PASTINAKA, AROMATIZIRANI Z DIJONSKO GORČICO, KREMO IZ INDIJSKIH OREŠČKOV IN DROBNJAKOM. OPOMBA: ZELENA SE VČASIH IMENUJE ZELENA.

10 zrn črnega popra

6 listov žajblja

3 cele pimente

2 2-palčna trakova pomarančne lupine

2 funta jagnječjega pleča brez kosti

3 žlice oljčnega olja

2 srednji čebuli, grobo sesekljani

1 14,5-unčna pločevinka narezanega paradižnika brez dodane soli, neodcejen

1½ skodelice goveje juhe (glej recept) ali govejo juho brez dodane soli

¾ skodelice suhega belega vina

3 veliki stroki česna, strti in olupljeni

2 funta korenine zelene, olupljene in narezane na 1-palčne kocke

6 srednjih pastinakov, olupljenih in narezanih na 1-palčne rezine (približno 2 funta)

2 žlici olivnega olja

2 žlici kreme iz indijskih oreščkov (glej recept)

1 žlica dijonske gorčice (glej recept)

¼ skodelice sesekljanega drobnjaka

1. Za garni šopek izrežite 7-palčni kvadrat gaze. Na sredino gaze položite zrna popra, žajbelj, piment in pomarančno lupinico. Poberite vogale gaze in jih zavežite s čisto kuhinjsko vrvico iz 100 % bombaža. Dati na stran.

2. Odrežite maščobo z jagnječjega pleča; jagnjetino narežite na 1-palčne kose. V nizozemski pečici na srednjem ognju segrejte 3 žlice oljčnega olja. Jagnjetino kuhajte, po potrebi v serijah, na vročem olju, dokler ne porjavi; odstranite iz ponve in hranite na toplem. Dodajte čebulo v ponev; kuhajte 5 do 8 minut oziroma dokler niso mehke in rahlo porjavele. Dodajte šopek garni, neodcejene paradižnike, 1¼ skodelice goveje juhe, vino in česen. kuhar; Zmanjšajte toploto. Pokrito dušimo 2 uri, občasno premešamo. Odstranite in zavrzite šopek garni.

3. Medtem za mezgo v velik lonec dajte korenino zelene in pastinak; pokrijte z vodo. Zavremo na srednje močnem ognju; zmanjšajte toploto na nizko. Pokrijte in počasi pustite vreti 30 do 40 minut oziroma dokler zelenjava ni zelo mehka, ko jo prebodete z vilicami. Odtok; zelenjavo dajte v kuhinjski robot. Dodajte preostalo ¼ skodelice goveje juhe in 2 žlici olja; utripajte, dokler pire ni skoraj gladek, vendar še vedno nekaj konsistence, pri čemer se enkrat ali dvakrat ustavite, da strgate po straneh. Pire prestavimo v skledo. Primešamo kremo iz indijskih oreščkov, gorčico in drobnjak.

4. Za serviranje pire razdelite med štiri sklede; prelijte z jagnječjo vročo posodo.

JAGNJEČJA ENOLONČNICA Z REZANCI KORENINE ZELENE

PRIPRAVE: 30 minut peke: 1 ura 30 minut naredi: 6 obrokov

ZELENA IMA POPOLNOMA DRUGAČEN PRISTOP NASTANE V TEM LONCU KOT V JAGNJEČJI POSODI (GLEJ RECEPT). ZA IZDELAVO ZELO TANKIH TRAKOV SLADKE IN OREŠČKOV KORENINE SE UPORABLJA MANDOLINSKI REZALNIK. »REZANCI« DUŠIMO V LONCU TOLIKO ČASA, DA SE ZMEHČAJO.

2 žlički začimbe z limono in zelišči (glej recept)

1½ funta jagnječjega obarvanega mesa, narezanega na 1-palčne kocke

2 žlici olivnega olja

2 dl sesekljane čebule

1 skodelica sesekljanega korenja

1 skodelica narezane repe

1 žlica drobno sesekljanega česna (6 strokov)

2 žlici paradižnikove mezge brez dodane soli

½ dl suhega rdečega vina

4 skodelice goveje juhe (glej recept) ali govejo juho brez dodane soli

1 lovorjev list

2 skodelici 1-palčne kocke narezane maslene buče

1 skodelica na kocke narezanega jajčevca

1 funt olupljene korenine zelene

Sesekljan svež peteršilj

1. Pečico segrejte na 250 °F. Po jagnjetini enakomerno potresemo limonino zelišče. Nežno premešajte, da se nanese. Segrejte 6- do 8-četrtsko nizozemsko pečico na srednje visoki temperaturi. Dodajte 1 žlico oljčnega olja in polovico začinjene jagnjetine v nizozemsko pečico. Na vročem olju popečemo meso z vseh strani; popečeno

meso prenesite na krožnik in ponovite s preostalo jagnjetino in oljčnim oljem. Ogenj znižajte na srednje.

2. V lonec dodamo čebulo, korenje in repo. Kuhajte in mešajte zelenjavo 4 minute; dodamo česen in paradižnikovo mezgo ter kuhamo še 1 minuto. V lonec dodamo rdeče vino, govejo osnovo, lovorjev list in odloženo meso ter vse nabrane sokove. Mešanico zavremo. Pokrijte in postavite nizozemsko pečico v predhodno ogreto pečico. Pečemo 1 uro. Vmešajte masleno bučo in jajčevce. Vrnemo v pečico in pečemo še 30 minut.

3. Ko je enolončnica v pečici, z mandolino zelo tanko narežite koren zelene. Rezine korenine zelene narežite na ½ palca široke trakove. (Imeti bi morali približno 4 skodelice.) V lonec stresite trakove korenine zelene. Kuhajte približno 10 minut oziroma dokler niso mehki. Preden enolončnico postrežete, odstranite in zavrzite lovorjev list. Vsako porcijo potresemo s sesekljanim peteršiljem.

FRANCOSKI JAGNJEČJI KOTLETI S ČATNIJEM IZ GRANATNEGA JABOLKA

PRIPRAVE:10 minut kuhanja: 18 minut hlajenja: 10 minut naredi: 4 porcije

IZRAZ "FRANCOSKI" SE NANAŠA NA REBROIZ KATEREGA SMO Z OSTRIM NOŽEM ODSTRANILI MAŠČOBO, MESO IN VEZIVNO TKIVO. OMOGOČA PRIVLAČNO PREDSTAVITEV. ZA TO PROSITE SVOJEGA MESARJA ALI PA TO STORITE SAMI.

CHUTNEY

½ skodelice nesladkanega soka granatnega jabolka
1 žlica svežega limoninega soka
1 olupljena in na tanke kolobarje narezana šalotka
1 čajna žlička drobno naribane pomarančne lupinice
⅓ skodelice sesekljanih datljev Medjool
¼ čajne žličke zdrobljene rdeče paprike
¼ skodelice granatnega jabolka *
1 žlica oljčnega olja
1 žlica sesekljanega svežega italijanskega (ploščati) peteršilja

JAGNJEČJE ZAREBRNICE

2 žlici olivnega olja
8 francoskih jagnječjih kotletov

1. Za čatni v majhni ponvi zmešajte sok granatnega jabolka, limonin sok in šalotko. kuhar; Zmanjšajte toploto. Odkrito dušimo 2 minuti. Dodamo pomarančno lupinico, datlje in mleto rdečo papriko. Pustite stati, dokler se ne ohladi, približno 10 minut. Vmešajte granatno jabolko, 1 žlico oljčnega olja in peteršilj. Do serviranja pustite na sobni temperaturi.

2. Za kotlete v veliki ponvi na srednjem ognju segrejte 2 žlici olivnega olja. Delajte v serijah, dodajte kotlete v ponev in jih kuhajte 6 do 8 minut za srednje pečeno (145 °F) in jih enkrat obrnite. Kotlete prelijemo s čatnijem.

*Opomba: Sveža granatna jabolka in njihova semena so na voljo od oktobra do februarja. Če jih ne najdete, uporabite nesladkana posušena semena, da čatniju dodate hrustljavost.

CHIMICHURRI JAGNJEČJI KOTLETI S SOTIRANO RADIČEVO SOLATO

PRIPRAVE:30 minut mariniranja: 20 minut kuhanja: 20 minut naredi: 4 porcije

V ARGENTINI JE CHIMICHURRI NAJBOLJ PRILJUBLJENA ZAČIMBAKI SPREMLJA ZNANI TAMKAJŠNJI ZREZEK NA ŽARU V GAUČO SLOGU. OBSTAJA VELIKO RAZLIČIC, VENDAR JE GOSTA ZELIŠČNA OMAKA OBIČAJNO SESTAVLJENA IZ PETERŠILJA, CILANTRA ALI ORIGANA, ŠALOTKE IN/ALI ČESNA, ZDROBLJENE RDEČE PAPRIKE, OLJČNEGA OLJA IN RDEČEGA VINSKEGA KISA. FANTASTIČEN JE NA ZREZKU NA ŽARU, A ENAKO ODLIČEN NA PEČENIH ALI V PONVI OCVRTIH JAGNJEČJIH KOTLETIH, PIŠČANCU IN SVINJINI.

- 8 jagnječjih kotletov, narezanih 1 cm debelo
- ½ skodelice omake Chimichurri (glejte recept)
- 2 žlici olivnega olja
- 1 sladka čebula, prepolovljena in narezana
- 1 žlička kumine, zdrobljene*
- 1 strok česna, sesekljan
- 1 glavica radiča, olupljena in narezana na tanke trakove
- 1 žlica balzamičnega kisa

1. Jagnječje kotlete položite v zelo veliko skledo. Pokapajte 2 žlici omake Chimichurri. S prsti vtrite omako po površini vsakega kotleta. Pustite, da se kotleti na sobni temperaturi marinirajo 20 minut.

2. Medtem za solato iz sotiranega radiča segrejte 1 žlico oljčnega olja v zelo veliki ponvi. Dodamo čebulo, kumino in česen; kuhajte 6 do 7 minut ali dokler se čebula ne zmehča, pogosto mešajte. Dodamo radič; kuhamo 1 do 2

minuti ali dokler radič rahlo oveni. Slabo prenesite v veliko skledo. Dodamo balzamični kis in dobro premešamo, da se združi. Pokrijte in hranite na toplem.

3. Obrišite ponev. Dodajte preostalo 1 žlico oljčnega olja v ponev in segrejte na srednje močnem ognju. Dodajte jagnječje kotlete; zmanjšajte toploto na srednjo. Kuhajte 9 do 11 minut ali do želene pečenosti, občasno obračajte kotlete s kleščami.

4. Kotlete postrezite s solato in preostalo omako Chimichurri.

*Opomba: če želite kumino zdrobiti, uporabite možnar in pestilo – ali položite semena na desko za rezanje in jih zdrobite s kuharskim nožem.

JAGNJEČJI KOTLETI Z SARKOM IN ŽAJBLJEM Z REMULADO IZ SLADKEGA KROMPIRJA IN KORENČKA

PRIPRAVE: 12 minut Hlajenje: 1 do 2 uri Peka na žaru: 6 minut Naredi: 4 porcije

OBSTAJAJO TRI VRSTE JAGNJEČJIH KOTLETOV. DEBELI IN MESNATI HRBETNI KOTLETI IZGLEDAJO KOT MAJHNI ZREZKI S T-KOSTJO. ZAREBRNICE – KOT JIM PRAVIJO PRI NAS – NASTANEJO Z REZANJEM MED NOGAMI JAGNJETINE. SO ZELO NEŽNI IN IMAJO DOLGO, PRIVLAČNO NOGO OB STRANI. POGOSTO JIH POSTREŽEMO OCVRTE ALI PEČENE NA ŽARU. CENOVNO UGODNI ODREZKI IZ PLEČK SO NEKOLIKO MASTNEJŠI IN MANJ MEHKI OD DRUGIH DVEH VRST. NAJBOLJŠE SO ZAPEČENE IN NATO DUŠENE V VINU, JUŠNI JUŠNI BAZI IN PARADIŽNIKU – ALI V KAKŠNI KOMBINACIJI NAŠTETEGA.

3 srednje velike korenčke, grobo narezane

2 majhna sladka krompirja, julien* ali grobo narezana

½ skodelice Paleo Mayo (glejte recept)

2 žlici svežega limoninega soka

2 čajni žlički dijonske gorčice (glej recept)

2 žlici sesekljanega svežega peteršilja

½ žličke črnega popra

8 jagnječjih kotletov, narezanih na ½ do ¾ palca debelo

2 žlici sesekljanega svežega žajblja ali 2 žlički zdrobljenega posušenega žajblja

2 žlički mletega ancho čilija

½ žličke česna v prahu

1. Za remulado v srednji skledi zmešajte korenje in sladki krompir. V majhni skledi zmešajte Paleo Mayo, limonin sok, dijonsko gorčico, peteršilj in črni poper. Prelijemo

korenje in sladki krompir; vrzi na plašč. Pokrijte in ohladite 1 do 2 uri.

2. Medtem v majhni skledi zmešajte žajbelj, anhokile in česen v prahu. Začimbno mešanico vtrite na jagnječje kotlete.

3. Za žar na oglje ali plin postavite jagnječje kotlete na rešetko neposredno na srednji ogenj. Pokrijte in pecite na žaru 6 do 8 minut za srednje pečene (145 °F) ali 10 do 12 minut za srednje pečene (150 °F), pri čemer jih na polovici pečenja enkrat obrnite.

4. Jagnječje kotlete postrezite z remulado.

*Opomba: Za rezanje sladkega krompirja uporabite mandolino z nastavkom za julienne.

JAGNJEČJI KOTLETI S ŠALOTKO, METO IN ORIGANOM

PRIPRAVE:20 minut Mariniranje: 1 do 24 ur Pečenje: 40 minut Žar: 12 minut Naredi: 4 porcije

KOT PRI VEČINI MARINIRANIH MESNIH JEDI,DLJE KOT BOSTE PRED KUHANJEM PUSTILI ZELIŠČNO MASO NA JAGNJEČJIH KOTLETIH, BOLJ OKUSNI BODO. OBSTAJA IZJEMA OD TEGA PRAVILA IN TO JE, KO UPORABLJATE MARINADO, KI VSEBUJE ZELO KISLE SESTAVINE, KOT SO SOK CITRUSOV, KIS IN VINO. ČE PUSTITE MESO PREDOLGO V KISLI MARINADI, SE BO ZAČELO RAZPADATI IN POSTALO KAŠASTO.

JAGNJETINA
- 2 žlici drobno sesekljane šalotke
- 2 žlici drobno sesekljane sveže mete
- 2 žlici drobno sesekljanega svežega origana
- 5 žličk sredozemskih začimb (glej recept)
- 4 žličke olivnega olja
- 2 stroka česna, sesekljana
- 8 jagnječjih kotletov, narezanih približno 1 cm debelo

SOLATA
- ¾ funta mlade pese, obrezane
- 1 žlica oljčnega olja
- ¼ skodelice svežega limoninega soka
- ¼ skodelice olivnega olja
- 1 žlica drobno sesekljane šalotke
- 1 žlička dijonske gorčice (glej recept)
- 6 skodelic mešanega zelenja
- 4 žličke sesekljanega drobnjaka

1. Za jagnjetino v majhni skledi zmešajte 2 žlici šalotke, meto, origano, 4 žličke sredozemskih začimb in 4 žličke oljčnega olja. Potresite rub po vseh straneh jagnječjih kotletov; vtrite s prsti. Kotlete položimo na krožnik; pokrijte s plastično folijo in pustite v hladilniku vsaj 1 uro ali do 24 ur, da se marinira.

2. Za solato segrejte pečico na 400°F. Peso dobro očistite; narežemo na kolesca. Postavite v 2-litrski pekač. Pokapljajte z 1 žlico oljčnega olja. Model pokrijte s folijo. Pražimo približno 40 minut oziroma toliko časa, da se pesa zmehča. Povsem ohladite. (Reso lahko pečete največ 2 dni vnaprej.)

3. Zmešajte limonin sok, ¼ skodelice oljčnega olja, 1 žlico šalotke, dijonsko gorčico in preostalo 1 čajno žličko sredozemskih začimb v kozarcu z navojem. Pokrijte in dobro pretresite. V solatni skledi združite peso in zeleno; zmešajte z malo vinaigrette.

4. Za žar na oglje ali plin položite kotlete na namaščeno rešetko neposredno na zmeren ogenj. Pokrijte in pecite na žaru do želene oblike, na polovici pečenja pa enkrat obrnite. Počakajte 12 do 14 minut za srednje pečeno (145 °F) ali 15 do 17 minut za srednje pečeno (160 °F).

5. Za serviranje položite 2 jagnječja kotleta in nekaj solate na vsakega od štirih servirnih krožnikov. Potresemo po drobnjaku. Pass preostali vinaigrette.

JAGNJEČJI BURGERJI Z VRTOM IN KULIJEM IZ RDEČE PAPRIKE

PRIPRAVE: 20 minut stoji: 15 minut žar: 27 minut naredi: 4 porcije

COULIS NI NIČ DRUGEGA KOT PREPROSTA, GLADKA OMAKA IZ PRETLAČENEGA SADJA ALI ZELENJAVE. SVETLA IN LEPA OMAKA IZ RDEČEGA POPRA ZA TE BURGERJE Z JAGNJETINO DOBI DVOJNO DOZO DIMA – OD PEČENJA NA ŽARU IN OD KANČKA DIMLJENE PAPRIKE.

RDEČA PAPRIKA COULIS
- 1 velika rdeča paprika
- 1 žlica suhega belega vina ali belega vinskega kisa
- 1 žlička olivnega olja
- ½ žličke dimljene paprike

HAMBURGER
- ¼ skodelice narezanih nezrelih posušenih paradižnikov
- ¼ skodelice naribanih bučk
- 1 žlica sesekljane sveže bazilike
- 2 žlici olivnega olja
- ½ žličke črnega popra
- 1½ funta mlete jagnjetine
- 1 beljak, rahlo stepen
- 1 žlica sredozemske začimbe (glej recept)

1. Za couli iz rdeče paprike položite rdečo papriko na rešetko žara neposredno na srednji ogenj. Pokrijte in pecite na žaru 15 do 20 minut ali dokler ne zoglene in postanejo zelo mehke, pri čemer paprike obračate vsakih 5 minut, da zoglenejo na vsaki strani. Odstranite z žara in takoj položite v papirnato vrečko ali folijo, da popolnoma

zaprete papriko. Pustite stati 15 minut ali dokler se dovolj ohladi, da ga lahko obvladate. Z ostrim nožem previdno odluščite kožo in jo zavrzite. Paprike po dolžini razrežite na četrtine in jim odstranite peclje, semena in lupine. V sekljalniku zmešajte pečeno papriko, vino, olivno olje in prekajeno papriko. Pokrijte in predelajte ali mešajte, dokler ni gladka.

2. Medtem za nadev dajte posušene paradižnike v manjšo skledo in jih prelijte z vrelo vodo. Pustite 5 minut; odtok. Posušite paradižnike in narezane bučke s papirnatimi brisačkami. V majhni skledi premešajte paradižnike, bučke, baziliko, oljčno olje in ¼ čajne žličke črnega popra; dati na stran.

3. V veliki skledi zmešajte mleto jagnjetino, jajčne beljake, preostalo ¼ čajne žličke črnega popra in sredozemske začimbe; dobro premešaj. Mesno mešanico razdelite na osem enakih delov in vsakega oblikujte v ¼ palca debelo polpeto. Nadev z žlico naložite na štiri zrezke; na vrh položite preostale polpete in stisnite robove, da zaprete nadev.

4. Zrezke položite na rešetko žara neposredno na srednji ogenj. Pokrijte in pecite na žaru 12 do 14 minut ali dokler ni pečeno (160 °F), pri čemer na polovici pečenja enkrat obrnite.

5. Za serviranje hamburgerje obložite s coulijem iz rdeče paprike.

DVOJNI ORIGANOVI JAGNJEČJI RAŽNJIČI S TZATZIKI OMAKO

MOKRO:30 minut priprave: 20 minut hlajenje: 30 minut žara: 8 minut naredi: 4 porcije

TI JAGNJEČJI RAŽNJIČI SO V BISTVUČEMUR V SREDOZEMLJU IN NA BLIŽNJEM VZHODU PRAVIJO KOFTA – ZAČINJENO MLETO MESO (OBIČAJNO JAGNJETINA ALI GOVEDINA) SE OBLIKUJE V KROGLICE ALI OKOLI NABODALA IN NATO SPEČE NA ŽARU. SVEŽ IN POSUŠEN ORIGANO JIM DAJE ODLIČEN GRŠKI OKUS.

8 kosov 10-palčnih lesenih nabodal

JAGNJEČJI RAŽNJIČI

1½ funta puste mlete jagnjetine

1 manjša čebula, narezana in pretlačena do suhega

1 žlica sesekljanega svežega origana

2 žlički posušenega origana, zdrobljenega

1 žlička črnega popra

TZATZIKI OMAKA

1 skodelica Paleo Mayo (glejte<u>recept</u>)

½ velike kumare, očiščene in narezane ter stisnjene do suhega

2 žlici svežega limoninega soka

1 strok česna, sesekljan

1. Nabodala za 30 minut namočite v toliko vode, da so pokrita.

2. Za jagnječje ražnjiče v veliki skledi zmešajte mleto jagnjetino, čebulo, svež in posušen origano ter poper; dobro premešaj. Mešanico jagnjetine razdelite na osem enakih delov. Vsak del oblikujte okoli polovice nabodala, tako da ustvarite 5×1-palčno poleno. Pokrijte in ohladite vsaj 30 minut.

3. Medtem za Tzatziki omako v majhni skledi zmešajte paleo majo, kumare, limonin sok in česen. Pokrijte in ohladite do serviranja.

4. Za žar na oglje ali plin položite jagnječje ražnjiče neposredno na rešetko za žar na srednji ogenj. Pokrijte in pecite približno 8 minut na srednjem žaru (160 °F), na polovici pečenja enkrat obrnite.

5. Jagnječje ražnjiče postrezite s tzatziki omako.

OCVRT PIŠČANEC Z ŽAFRANOM IN LIMONO

PRIPRAVE: 15 minut hlajenje: 8 ur pečenje: 1 ura 15 minut mirovanje: 10 minut: 4 porcije

ŽAFRAN SO POSUŠENI PRAŠNIKI VRSTE ROŽE KROKUSOV. JE DRAGO, A MALO GRE DALEČ. SVEŽEMU PIŠČANCU DODA SVOJ ZEMELJSKI, IZRAZIT OKUS IN ČUDOVIT RUMEN ODTENEK.

1 4- do 5-kilogramski cel piščanec
3 žlice oljčnega olja
6 strokov česna, strtih in olupljenih
1½ žlice drobno nastrgane limonine lupine
1 žlica svežega timijana
1½ žličke mletega črnega popra
½ žličke žafranove niti
2 lovorjeva lista
1 limona, narezana na četrtine

1. Odstranite vrat in drobovje s piščanca; zavrzite ali shranite za drugo uporabo. Izperite votlino piščanca; obrišite s papirnatimi brisačami. Piščancu odrežite odvečno kožo ali maščobo.

2. V kuhinjskem robotu zmešajte olivno olje, česen, limonino lupinico, timijan, poper in žafran. Postopek, da nastane gladka pasta.

3. S prsti vtrite pasto po zunanji strani piščanca in notranjosti votline. Prenesite piščanca v veliko skledo; pokrijte in pustite v hladilniku vsaj 8 ur ali čez noč.

4. Pečico segrejte na 425°F. V piščančjo votlino dodajte limonino lupinico in lovorjev list. Noge povežite skupaj s

kuhinjsko vrvico iz 100% bombaža. Nadevajte krila pod piščancem. V notranjost stegenske mišice vstavite termometer za pečenje mesa, ne da bi se dotaknili kosti. Piščanca položite na rešetko v velikem pekaču.

5. Pražimo 15 minut. Zmanjšajte temperaturo pečice na 375 °F. Pečemo še približno 1 uro ali dokler sok ne steče in termometer pokaže 175 °F. Šotorski piščanec s folijo. Pred rezanjem pustite stati 10 minut.

SPATCHCOCKED PIŠČANEC Z JICAMA SLAW

PRIPRAVE: 40 minut žara: 1 ura 5 minut stoji: 10 minut: 4 porcije

"SPATCHCOCK" JE STAR KUHARSKI IZRAZKI SE JE PRED KRATKIM VRNIL V UPORABO ZA OPIS POSTOPKA, KO MAJHNO PTICO – KOT JE PIŠČANEC ALI KOKOŠ CORNISH – RAZREŽEMO PO HRBTU IN JO NATO ODPREMO TER SPLOŠČIMO KOT KNJIGO, DA SE HITREJE IN BOLJ ENAKOMERNO SKUHA. PODOBEN JE METULJU, VENDAR SE NANAŠA SAMO NA PERUTNINO.

PIŠČANEC

- 1 poblano čili
- 1 žlica drobno sesekljane šalotke
- 3 stroki česna, sesekljani
- 1 čajna žlička drobno nastrgane limonine lupinice
- 1 čajna žlička drobno naribane limetine lupinice
- 1 žlička dimljene začimbe (glej recept)
- ½ čajne žličke zdrobljenega posušenega origana
- ½ žličke mlete kumine
- 1 žlica oljčnega olja
- 1 3- do 3½-kilogramski cel piščanec

ZELJNA SOLATA

- ½ srednje velike jice, olupljene in narezane na trakove julienne (približno 3 skodelice)
- ½ skodelice na tanke rezine narezane kapestose (4)
- 1 jabolko Granny Smith, olupljeno, brez peščic in narezano na trakove julienne
- ⅓ skodelice sesekljanega svežega cilantra
- 3 žlice svežega pomarančnega soka
- 3 žlice oljčnega olja
- 1 čajna žlička limonino-zeliščne začimbe (glej recept)

1. Za žar na oglje razporedite srednje vroče oglje na eno stran žara. Pod prazno stran žara postavite posodo za zbiranje tekočine. Poblano položite na rešetko žara neposredno na srednje velike oglje. Pokrijte in pecite na žaru 15 minut ali dokler poblano ne zogleni z vseh strani, občasno obrnite. Poblano takoj zavijte v folijo; pustite stati 10 minut. Odprite folijo in poblano po dolžini prerežite na pol; odstranite stebla in semena (glejte<u>napitnina</u>). Z ostrim nožem previdno olupite kožo in jo zavrzite. Poblano drobno sesekljajte. (Za plinski žar predhodno segrejte žar; zmanjšajte toploto na srednjo. Prilagodite za indirektno kuhanje. Pecite kot zgoraj na gorilniku, ki je prižgan.)

2. V majhni skledi zmešajte poblano, šalotko, česen, limonino lupinico, limetino lupinico, začimbo smoke, origano in kumino. Vmešajte olje; dobro premešajte, da naredite pasto.

3. Če želite piščanca nabodti na nabodala, piščancu odstranite vrat in drobovje (prihranite za drugo uporabo). Piščančje prsi položite navzdol na desko za rezanje. S kuhinjskimi škarjami odrežite eno stran hrbtenice po dolžini, začnite pri vratu. Ponovite rez po dolžini na nasprotno stran hrbtenice. Odstranite in zavrzite hrbtenico. Piščanca obrnite s kožo navzgor. Pritisnite med prsi, da zlomite prsnico, tako da piščanec leži ravno.

4. Začnite pri vratu na eni strani prsi, s prsti drsite med kožo in mesom, medtem ko se premikate proti stegnu, zrahljajte kožo. Sprostite kožo okoli stegna. Ponovite na drugi strani. S prsti namažite meso pod kožo piščanca.

5. Piščančje prsi s stranjo navzdol položite na rešetko nad posodo za zbiranje tekočine. Obtežite z dvema v folijo ovitima opekama ali veliko litoželezno posodo. Pokrijte in pecite na žaru 30 minut. Piščanca obrnite s kostmi navzdol na rešetko, ponovno obtežite z opekami ali ponvijo. Pokrito pecite na žaru še približno 30 minut ali dokler piščanec ni več rožnat (175 °F v stegenski mišici). Odstranite piščanca z žara; pustite stati 10 minut. (Za plinski žar postavite piščanca na rešetko za žar stran od ognja. Pecite na žaru kot zgoraj.)

6. Medtem za solato v veliki skledi zmešajte jicama, mlado čebulo, jabolko in koriander. V majhni skledi zmešajte pomarančni sok, olje in začimbe z limoninimi zelišči. Prelijemo čez mešanico jicama in premešamo. Piščanca postrezite s slanico.

PEČEN PIŠČANČJI HRBET Z VODKO, KORENČKOM IN PARADIŽNIKOVO OMAKO

PRIPRAVE: 15 minut kuhanja: 15 minut cvrtja: 30 minut naredi: 4 porcije

VODKA JE LAHKO NAREJENA IZ VEČRAZLIČNA ŽIVILA, VKLJUČNO S KROMPIRJEM, KORUZO, RŽJO, PŠENICO IN JEČMENOM – CELO GROZDJE. ČEPRAV V TEJ OMAKI NI VELIKO VODKE, ČE JO RAZDELITE NA ŠTIRI PORCIJE, POIŠČITE VODKO, NAREJENO BODISI IZ KROMPIRJA ALI GROZDJA, KI JE SKLADNA S PALEO.

3 žlice oljčnega olja

4 piščančja bedra s kostmi ali mesnati kosi piščanca, olupljeni

1 28-unčna pločevinka slivovih paradižnikov brez dodane soli, odcejena

½ skodelice drobno sesekljane čebule

½ skodelice drobno sesekljanega korenja

3 stroki česna, sesekljani

1 žlička sredozemske začimbe (glej recept)

⅛ čajne žličke kajenskega popra

1 vejica svežega rožmarina

2 žlici vodke

1 žlica sesekljane sveže bazilike (neobvezno)

1. Pečico segrejte na 375°F. V zelo veliki ponvi segrejte 2 žlici olja na srednje močnem ognju. Dodajte piščanca; kuhajte približno 12 minut ali dokler ne porjavi in enakomerno porjavi. Pekač postavimo v segreto pečico. Pražimo nepokrito 20 minut.

2. Medtem za omako s kuhinjskimi škarjami narežemo paradižnik. Preostalo 1 žlico olja segrejte v srednji ponvi na srednjem ognju. Dodajte čebulo, korenje in česen;

kuhajte 3 minute ali dokler se ne zmehča in pogosto mešajte. Primešamo narezan paradižnik, mediteranske začimbe, kajenski poper in vejico rožmarina. Zavremo na srednje močnem ognju; Zmanjšajte toploto. Odkrito dušimo 10 minut, občasno premešamo. Vmešajte vodko; kuhajte še 1 minuto; odstranite in zavrzite vejico rožmarina.

3. Piščanca v ponvi prelijemo z omako. Pekač postavimo nazaj v pečico. Pecite pokrito še približno 10 minut ali dokler piščanec ni več mehak in ni več rožnat (175 °F). Po želji potresemo z baziliko.

POULET RÔTI IN RUTABAGA FRITES

PRIPRAVE: 40 minut peke: 40 minut naredi: 4 porcije

HRUSTLJAVI KROMPIRČEK RUTABAGA JE OKUSEN POSTREŽENI Z OCVRTIM PIŠČANCEM IN PRIPADAJOČIMI SOKOVI ZA KUHANJE – VENDAR SO PRAV TAKO DOBRI PRIPRAVLJENI SAMI IN POSTREŽENI S PALEO KEČAPOM (GLEJ<u>RECEPT</u>) ALI POSTREŽENO V BELGIJSKEM SLOGU S PALEO AÏOLI (ČESNOVA MAJONEZA, GLEJ<u>RECEPT</u>).

6 žlic oljčnega olja
1 žlica sredozemske začimbe (glej<u>recept</u>)
4 piščančja stegna s kostmi, brez kože (skupaj približno 1 ¼ funta)
4 piščančje krače, olupljene (skupaj približno 1 funt)
1 dl suhega belega vina
1 skodelica piščančje kostne juhe (glej<u>recept</u>) ali piščančjo juho brez dodane soli
1 majhna čebula, narezana na četrtine
Olivno olje
1½ do 2 funta rutabagas
2 žlici sesekljanega svežega drobnjaka
Črni poper

1. Pečico segrejte na 400°F. V majhni skledi zmešajte 1 žlico oljčnega olja in mediteranske začimbe; natrite na kose piščanca. V zelo veliki ponvi segrejte 2 žlici olja. Dodajte koščke piščanca z mesnato stranjo navzdol. Kuhajte brez pokrova približno 5 minut ali dokler ne porjavi. Ponev odstavimo z ognja. Kose piščanca obrnite tako, da so zapečene stranice obrnjene navzgor. Dodamo vino, osnovo iz piščančjih kosti in čebulo.

2. Pekač postavite v pečico na sredino rešetke. Odkrito pečemo 10 minut.

3. Medtem, za krompirček, rahlo premažite velik pergamentni papir z oljčnim oljem; dati na stran. Rutabagas olupimo. Z ostrim nožem narežite rutabagas na ½-palčne rezine. Rezine po dolžini narežite na ½-palčne trakove. V veliki skledi premešajte trakove rutabage s preostalimi 3 žlicami olja. Trakove rutabage razporedite v eni plasti na pripravljen pekač; postavite v pečico na zgornjo rešetko. Pečemo 15 minut; pomfrit. Piščanca pecite še 10 minut ali dokler ne postane več rožnat (175 °F). Odstranite piščanca iz pečice. Pomfrit pecite 5 do 10 minut ali dokler ne porjavi in se zmehča.

4. Odstranite piščanca in čebulo iz ponve ter prihranite sok. Piščanca in čebulo pokrijte, da ostaneta topla. Sok zavrite na srednje močnem ognju; Zmanjšajte toploto. Odkrito dušite še približno 5 minut ali dokler se sok nekoliko ne zmanjša.

5. Za serviranje krompirček potresemo z drobnjakom in začinimo s poprom. Piščanca postrezite s kuharskimi sokovi in krompirčkom.

TROJNI GOBJI COQ AU VIN Z DROBNJAKOVIM PIREJEM RUTABAGAS

PRIPRAVE:15 minut Priprava: 1 ura 15 minut Naredi: 4 do 6 obrokov

ČE JE V SKLEDI KAJ PESKAPO NAMAKANJU POSUŠENIH GOB – IN VERJETNO JIH BO – PRECEDITE TEKOČINO SKOZI DVOJNO DEBELO GAZO V CEDILO Z DROBNO MREŽICO.

1 unča posušenih jurčkov ali smrčkov
1 dl vrele vode
2 do 2½ funta piščančjih stegen in bedrc, olupljenih
Črni poper
2 žlici olivnega olja
2 srednje velika pora po dolgem prepolovite, oplaknite in na tanko narežite
2 gobi portobello, narezani
8 unč svežih gob ostrig, brez pecljev in narezanih ali narezanih svežih gob
¼ skodelice paradižnikove mezge brez dodane soli
1 čajna žlička zdrobljenega posušenega majarona
½ čajne žličke zdrobljenega posušenega timijana
½ dl suhega rdečega vina
6 skodelic piščančje kostne juhe (glej recept) ali piščančjo juho brez dodane soli
2 lovorjeva lista
2 do 2½ funtov rutabagas, olupljenih in narezanih
2 žlici sesekljanega svežega drobnjaka
½ žličke črnega popra
Sesekljan svež timijan (neobvezno)

1. V majhni skledi zmešajte jurčke in vrelo vodo; pustimo stati 15 minut. Odstranite gobo in prihranite tekočino za namakanje. Gobo sesekljajte. Gobo in tekočino za namakanje odložite.

2. Piščanca potresemo s poprom. V zelo veliki ponvi s pokrovom, ki se tesno prilega, segrejte 1 žlico olivnega olja na srednje močnem ognju. Kose piščanca v dveh serijah kuhajte na vročem olju približno 15 minut, dokler se malo ne obarvajo, in jih enkrat obrnite. Odstranite piščanca iz ponve. Vmešajte por, gobe portobello in ostrigarje. Kuhajte 4 do 5 minut ali samo toliko časa, da gobe začnejo rjaveti, občasno premešajte. Vmešamo paradižnikovo mezgo, majaron in timijan; kuhamo in mešamo 1 minuto. Vmešajte vino; kuhamo in mešamo 1 minuto. Vmešajte 3 skodelice piščančje kostne juhe, lovorjev list, ½ skodelice prihranjene tekočine za namakanje gob in rehidrirane sesekljane gobe. Piščanca vrnite v ponev. kuhar; Zmanjšajte toploto. Pokrito dušite približno 45 minut ali dokler se piščanec ne zmehča, pri čemer ga na polovici kuhanja enkrat obrnite.

3. Medtem v večji kozici zmešajte ruto in preostale 3 dl juhe. Po potrebi dodajte vodo, da le pokrije rutabage. kuhar; Zmanjšajte toploto. Odkrito dušite 25 do 30 minut oziroma dokler se rutabaga ne zmehča, občasno premešajte. Rutabagas odcedite, tekočino pa prihranite. Rutabage vrnite v lonec. Dodajte preostalo 1 žlico oljčnega olja, drobnjak in ½ žličke popra. Z mešalnikom za krompir pretlačite mešanico rutabage in po potrebi dodajte tekočino za kuhanje, da dosežete želeno konsistenco.

4. Odstranite lovorjev list iz piščančje mešanice; zavreči. Postrezite piščanca in omako čez pire iz rutabagas. Po želji potresemo s svežim timijanom.

PEACH-BRANDY-GLAZIRANE PALČKE

PRIPRAVE: 30 minut žara: 40 minut naredi: 4 porcije

TA PIŠČANČJA BEDRA SO POPOLNAS HRUSTLJAVO SOLATO IN PIKANTNIM V PEČICI PEČENIM SLADKIM KROMPIRJEVIM KROMPIRČKOM PO TUNIZIJSKEM RECEPTU ZA NARIBANO SVINJSKO PLEČETO (GLEJTE RECEPT). TUKAJ SO PRIKAZANI S HRUSTLJAVO ZELJNO SLANICO Z REDKVICAMI, MANGOM IN METO (GLEJ RECEPT).

PEACH-BRANDY GLAZE
- 1 žlica oljčnega olja
- ½ skodelice sesekljane čebule
- 2 sveži srednji breskvi, razpolovljeni, brez koščic in narezani
- 2 žlici konjaka
- 1 skodelica BBQ omake (glej recept)
- 8 piščančjih krač (skupaj 2 do 2½ funtov), po želji olupljenih

1. Za glazuro segrejte olivno olje na srednjem ognju v srednji ponvi. Dodajte čebulo; kuhajte približno 5 minut ali dokler se ne zmehča, občasno premešajte. Dodajte breskve. Pokrijte in med občasnim mešanjem kuhajte 4 do 6 minut oziroma dokler se breskve ne zmehčajo. Dodajte žganje; kuhamo nepokrito 2 minuti in občasno premešamo. Cool nekaj. Breskovo mešanico prenesite v mešalnik ali kuhinjski robot. Pokrijte in mešajte ali obdelajte, dokler ni gladka. Dodamo BBQ omako. Pokrijte in mešajte ali obdelajte, dokler ni gladka. Omako vrnite v ponev. Kuhajte na srednjem ognju, dokler se ne segreje. Prenesite ¾ skodelice omake v majhno skledo, da premažete piščanca.

Preostalo omako hranite na toplem, da jo postrežete s piščancem na žaru.

2. Za žar na oglje razporedite srednje vroče oglje po posodi za zbiranje tekočine. Preizkusite na srednjem ognju nad posodo za kapljanje. Piščančje bedre položite na rešetko nad posodo za zbiranje tekočine. Pokrijte in pecite na žaru 40 do 50 minut ali dokler piščanec ni več rožnat (175 °F), pri čemer ga na polovici pečenja enkrat obrnite in zadnjih 5 do 10 minut pečenja premažite z ¾ skodelice glazure Peach-Brandy. (Za plinski žar predhodno segrejte žar. Zmanjšajte toploto na srednjo temperaturo. Prilagodite toploto za posredno kuhanje. Piščančje bedre položite na rešetko za žar, ne na vročino. Pokrijte in pecite po navodilih.)

V ČILIJU MARINIRAN PIŠČANEC S SOLATO IZ MANGA IN MELONE

PRIPRAVE: 40 minut hlajenje/mariniranje: 2 do 4 ure pečenje na žaru: 50 minut naredi: 6 do 8 obrokov

ANCHO ČILI JE POSUŠEN POBLANO— SIJOČ, GLOBOKO ZELEN ČILI Z INTENZIVNO SVEŽIM OKUSOM. ANCHO ČILI IMA RAHEL SADEN OKUS S PRIDIHOM SLIVE ALI ROZINE IN LE KANČKOM GRENKOBE. NOVOMEHIŠKI ČILIJI SO LAHKO ZMERNO PEKOČI. TO SO TEMNO RDEČI ČILI, KI JIH VIDITE ZBRANE IN VISEČE V RISTRAH – PISANIH ARANŽMAJIH SUŠEČIH SE ČILIJEV – V DELIH JUGOZAHODA.

PIŠČANEC

- 2 posušena novomehiška čilija
- 2 posušena čilija ancho
- 1 dl vrele vode
- 3 žlice oljčnega olja
- 1 velika sladka čebula, olupljena in na debelo narezana
- 4 paradižniki Roma brez sredice
- 1 žlica drobno sesekljanega česna (6 strokov)
- 2 žlički mlete kumine
- 1 čajna žlička zdrobljenega posušenega origana
- 16 piščančjih krač

SOLATA

- 2 skodelici narezane melone
- 2 skodelici na kocke narezanega medu
- 2 skodelici na kocke narezanega manga
- ¼ skodelice svežega limetinega soka
- 1 čajna žlička čilija v prahu
- ½ žličke mlete kumine

¼ skodelice sesekljanega svežega cilantra

1. Pri piščancu odstranite stebla in semena iz posušenih novomehiških in ančo čilijev. Na zmernem ognju segrejte veliko ponev. Čilije pražite v ponvi 1 do 2 minuti ali dokler ne zadišijo in rahlo popečejo. V majhno skledo položite pražene čile; dodajte vrelo vodo v skledo. Pustite vsaj 10 minut ali dokler ni pripravljen za uporabo.

2. Predgrejte brojlerja. Pekač obložite s folijo; folijo premažite z 1 žlico oljčnega olja. V ponev dodamo rezine čebule in paradižnik. Pecite približno 4 cm od vročine 6 do 8 minut ali dokler se ne zmehča in zoglene. Čili odcedimo, vodo prihranimo.

3. Za marinado zmešajte čili, čebulo, paradižnik, česen, kumino in origano v mešalniku ali predelovalcu hrane. Pokrijte in mešajte ali obdelajte, dokler ni gladka, ter po potrebi dodajte prihranjeno vodo, da pire do želene konsistence.

4. Piščanca položite v veliko plastično vrečko, ki jo je mogoče zapreti, v plitvo posodo. Piščanca v vrečki prelijemo z marinado, vrečko obrnemo, da enakomerno pokrije. Marinirajte v hladilniku 2 do 4 ure in vrečko občasno obrnite.

5. Za solato v zelo veliki skledi zmešajte melono, medeno roso, mango, limetin sok, preostali 2 žlici oljčnega olja, čili v prahu, kumino in koriander. Premešajte na plašč. Pokrijte in ohladite 1 do 4 ure.

6. Za žar na oglje razporedite srednje vroče oglje po posodi za zbiranje tekočine. Testirajte na srednjem ognju nad posodo. Piščanca odcedite, marinado pa prihranite.

Piščanca položite na rešetko nad posodo za odcejanje. Piščanca izdatno namažite z nekaj prihranjene marinade (vso dodatno marinado zavrzite). Pokrijte in pecite na žaru 50 minut ali dokler piščanec ni več rožnat (175 °F), pri čemer ga na polovici pečenja enkrat obrnite. (Za plinski žar predhodno segrejte žar. Zmanjšajte toploto na srednjo temperaturo. Prilagodite indirektno kuhanje. Nadaljujte po navodilih, piščanca postavite na ugasnjen gorilnik.) Piščančje bedre postrezite s solato.

PIŠČANČJA BEDRA V SLOGU TANDOORI S KUMARIČNO RAITO

PRIPRAVE: 20 minut Mariniranje: 2 do 24 ur Pečenje: 25 minut Naredi: 4 porcije

RAITAN JE NAREJEN IZ INDIJSKIH OREŠČKOVSMETANA, LIMONIN SOK, META, KORIANDER IN KUMARE. ZAGOTAVLJA HLADILNI KONTRAPUNKT VROČEMU IN ZAČINJENEMU PIŠČANCU.

PIŠČANEC
1 čebula, narezana na tanke kolesca
1 2-palčni kos svežega ingverja, olupljen in na četrtine narezan
4 stroki česna
3 žlice oljčnega olja
2 žlici svežega limoninega soka
1 čajna žlička mlete kumine
1 žlička mlete kurkume
½ žličke mletega pimenta
½ žličke mletega cimeta
½ žličke črnega popra
¼ čajne žličke kajenskega popra
8 piščančjih krač

KUMARA RAITA
1 skodelica kreme iz indijskih oreščkov (glejte recept)
1 žlica svežega limoninega soka
1 žlica naribane sveže mete
1 žlica sesekljanega svežega koriandra
½ žličke mlete kumine
⅛ čajne žličke črnega popra
1 srednja kumara, olupljena, brez jedra in narezana na kocke (1 skodelica)
Limonine rezine

1. Zmešajte čebulo, ingver, česen, olivno olje, limonin sok, kumino, kurkumo, piment, cimet, črni poper in kajenski poper v mešalniku ali kuhinjskem robotu. Pokrijte in mešajte ali obdelajte, dokler ni gladka.

2. S konico noža za lupljenje vsako kračko štirikrat ali petkrat prebodite. Postavite krače v veliko plastično vrečko, ki jo je mogoče ponovno zapreti, v veliko skledo. Dodajte mešanico čebule; obrnite se na plašč. Marinirajte v hladilniku 2 do 24 ur, vrečko občasno obrnite.

3. Predgrejte brojlerja. Odstranite piščanca iz marinade. S papirnatimi brisačkami obrišite odvečno marinado s krač. Bedra razporedite po rešetki neogrete ponve za brojlerje ali s folijo obloženim pekačem. Pečemo 6 do 8 palcev od vira toplote 15 minut. Flip bobnarske palčke; pečemo približno 10 minut ali dokler piščanec ni več rožnat (175 °F).

4. Za raito v srednji skledi zmešajte kremo iz indijskih oreščkov, limonin sok, meto, koriander, kumino in črni poper. Nežno vmešajte kumaro.

5. Postrezite piščanca z raito in rezinami limone.

CURRY PIŠČANČJA ENOLONČNICA S KORENASTO ZELENJAVO, ŠPARGLJI IN ZELENIM JABOLKOM Z METO

PRIPRAVE: 30 minut vre: 35 minut stoji: 5 minut je: 4 porcije

2 žlici rafiniranega kokosovega olja ali oljčnega olja
2 funta piščančjih prsi s kostmi, po želji olupljenih
1 dl sesekljane čebule
2 žlici naribanega svežega ingverja
2 žlici drobno sesekljanega česna
2 žlici karija brez soli
2 žlici drobno sesekljanega jalapeña s semeni (glej napitnina)
4 skodelice piščančje kostne juhe (glej recept) ali piščančjo juho brez dodane soli
2 srednje velika sladka krompirja (približno 1 funt), olupljena in narezana
2 srednji repi (približno 6 unč), olupljeni in narezani
1 dl paradižnika brez sredice, narezanega na kocke
8 unč špargljev, obrezanih in narezanih na 1-palčne dolžine
1 pločevinka naravnega kokosovega mleka po 13,5 unč (kot je Nature's Way)
½ skodelice sesekljanega svežega cilantra
Jabolčno-mentov okus (glej recept, spodaj)
Rezine limete

1. Segrejte olje na srednje močnem ognju v 6-litrski nizozemski pečici. Piščanca v serijah zapecite na vročem olju in enakomerno popecite približno 10 minut. Prenesite piščanca na krožnik; dati na stran.

2. Ogenj nastavite na srednje. V lonec dodajte čebulo, ingver, česen, kari in jalapeño. Kuhajte in mešajte 5 minut ali dokler se čebula ne zmehča. Primešamo juho iz piščančjih kosti, sladki krompir, repo in paradižnik. Kose piščanca vrnite v lonec in piščanca potopite v čim več tekočine. Znižajte toploto na srednje nizko. Pokrijte in dušite 30

minut oziroma dokler piščanec ni več rožnat in zelenjava ni mehka. Vmešajte šparglje, kokosovo mleko in koriander. Odstranite z ognja. Pustite 5 minut. Piščanca po potrebi izrežite iz kosti, da ga enakomerno razdelite med servirne sklede. Postrezite z jabolčno meto Relish in rezinami limete.

Jabolčno-metin okus: ½ skodelice nesladkanih kokosovih kosmičev zmešajte v kuhinjskem robotu, dokler ne postanejo prah. Dodajte 1 skodelico svežih listov cilantra in kuhajte na pari; 1 skodelica svežih listov mete; 1 jabolko Granny Smith, olupljeno in narezano; 2 čajni žlički drobno sesekljanega jalapeña s semeni (glej napitnina); in 1 žlico svežega limetinega soka. Pulzirajte, dokler ni fino zmlet.

PIŠČANEC NA ŽARU PAILLARD SOLATA Z MALINAMI, PESO IN PRAŽENIMI MANDLJI

PRIPRAVE: 30 minut pečenja: 45 minut mariniranja: 15 minut žara: 8 minut naredi: 4 porcije

½ skodelice celih mandljev
1½ žličke oljčnega olja
1 srednja rdeča pesa
1 srednja zlata rdeča pesa
2 polovici piščančjih prsi brez kosti in kože od 6 do 8 unč
2 dl svežih ali zamrznjenih malin, odmrznjenih
3 žlice belega ali rdečega vinskega kisa
2 žlici naribanega svežega pehtrana
1 žlica drobno sesekljane šalotke
1 žlička dijonske gorčice (glej recept)
¼ skodelice olivnega olja
Črni poper
8 dl spomladanske mešane solate

1. Za mandlje segrejte pečico na 400°F. Na manjši pekač razporedite mandlje in prelijte s ½ žličke olivnega olja. Pecite približno 5 minut oziroma dokler ne zadiši in zlato porumeni. Naj se ohladi. (Mandlje lahko pražite 2 dni vnaprej in jih shranite v nepredušni posodi.)

2. Za peso položite vsako rdečo peso na majhen kos folije in pokapljajte s ½ žličke oljčnega olja. Okoli pese ohlapno ovijte folijo in jo položite na pladenj ali v pekač. Peco pečemo v pečici pri 400 °F 40 do 50 minut ali dokler se ne zmehča, ko jo prebodemo z nožem. Odstranite iz pečice in pustite stati, dokler se dovolj ne ohladi, da lahko z njim rokujete. Odstranite kožo z nožem za lupljenje. Rdečo

peso narežemo na kolesca in odstavimo. (Izogibajte se mešanju pese, da preprečite, da bi pesa obarvala zlato peso. Peso lahko spečete 1 dan vnaprej in ohladite. Pustite, da doseže sobno temperaturo, preden postrežete.)

3. Za piščanca vodoravno prerežite vsako piščančjo prso na pol. Vsak kos piščanca položite med dva kosa plastične folije. S kladivom za meso nežno pretlačite do približno ¾ palca debeline. Piščanca položite v plitvo posodo in odstavite.

4. Za vinaigrette v veliki skledi z metlico rahlo zmečkajte ¾ skodelice malin (preostale maline rezervirajte za solato). Dodajte kis, pehtran, šalotko in dijonsko gorčico; metlico premešamo. Dodajte ¼ skodelice oljčnega olja v tankem curku in dobro premešajte. Piščanca prelijte s ½ skodelice vinaigrette; piščanca obrnite na plašč (preostalo vinaigrette rezervirajte za solato). Piščanca mariniramo pri sobni temperaturi 15 minut. Piščanca vzamemo iz marinade in potresemo s poprom; zavrzite preostalo marinado v skledi.

5. Za žar na oglje ali plin postavite piščanca na rešetko neposredno na srednji ogenj. Pokrijte in pecite na žaru 8 do 10 minut ali dokler piščanec ni več rožnat, pri čemer ga na polovici pečenja enkrat obrnite. (Piščanca lahko skuhate tudi na štedilniku.)

6. V veliki skledi zmešajte solato, peso in preostalo 1¼ skodelice malin. Solato prelijemo s pridržano vinaigrette; nežno premešajte na plašč. Solato razdelite na štiri servirne krožnike; na vrh vsakega položite kos piščančjih

prsi na žaru. Pražene mandlje grobo nasekljamo in vse skupaj potresemo. Postrezite takoj.

PIŠČANČJE PRSI, POLNJENE Z BROKOLIJEM, S SVEŽO PARADIŽNIKOVO OMAKO IN CEZARJEVO SOLATO

PRIPRAVE:40 minut kuhanja: 25 minut pomeni: 6 obrokov

3 žlice oljčnega olja

2 žlički drobno sesekljanega česna

¼ čajne žličke zdrobljene rdeče paprike

1 funt raaba brokolija, obreženega in sesekljanega

½ skodelice zlatih rozin brez žvepla

½ skodelice vode

4 polovice piščančjih prsi brez kože in kosti od 5 do 6 unč

1 dl sesekljane čebule

3 dl narezanega paradižnika

¼ skodelice sesekljane sveže bazilike

2 žlici rdečega vinskega kisa

3 žlice svežega limoninega soka

2 žlici Paleo Mayo (glej recept)

2 čajni žlički dijonske gorčice (glej recept)

1 čajna žlička drobno sesekljanega česna

½ žličke črnega popra

¼ skodelice olivnega olja

10 dl sesekljane zelene solate

1. V veliki ponvi na srednjem ognju segrejte 1 žlico oljčnega olja. Dodamo česen in strto rdečo papriko; kuhajte in mešajte 30 sekund ali dokler ne zadiši. Dodajte sesekljan brokoli, rozine in ½ skodelice vode. Pokrijte in kuhajte približno 8 minut ali dokler raab brokolija ne oveni in postane mehak. Odstranite pokrov s ponve; pustite, da odvečna voda izhlapi. Dati na stran.

2. Za ruladice vsako piščančjo prso po dolžini prepolovite; vsak kos položite med dva kosa plastične folije. S ploščato stranjo kladiva za meso rahlo pretolčite piščanca na približno ¼ palca debelo. Za vsak zvitek položite približno ¼ skodelice brokolijeve raab mešanice na enega od krajših koncev; zvijte, prepognite ob straneh, da popolnoma zaprete nadev. (Zvitke lahko pripravite do 1 dan vnaprej in jih ohladite, dokler niso pripravljeni za kuhanje.)

3. V veliki ponvi na srednjem ognju segrejte 1 žlico oljčnega olja. Dodamo svaljke, stranice navzdol zašijemo skupaj. Kuhajte približno 8 minut ali dokler ne porjavi z vseh strani, med kuhanjem dvakrat ali trikrat obrnite. Rulade preložimo na krožnik.

4. Za omako segrejte 1 žlico preostalega oljčnega olja v ponvi na srednjem ognju. Dodajte čebulo; kuhajte približno 5 minut ali dokler ne postane prosojno. Vmešajte paradižnik in baziliko. Zvitke položimo na omako v ponvi. Zavremo na srednje močnem ognju; Zmanjšajte toploto. Pokrijte in dušite približno 5 minut oziroma toliko časa, da paradižniki začnejo razpadati, vendar še vedno ohranijo obliko in se ruladice segrejejo.

5. Za preliv v majhni skledi zmešajte limonin sok, paleo majo, dijonsko gorčico, česen in črni poper. Pokapljajte v ¼ skodelice oljčnega olja in mešajte, dokler ne nastane emulgija. V veliki skledi zmešajte preliv s sesekljano romaino. Za serviranje razdelite romanino na šest servirnih krožnikov. Ruladice narežemo in dodamo roman; prelijemo s paradižnikovo omako.

PIŠČANČJI ZAVITEK SHAWARMA NA ŽARU Z ZAČINJENO ZELENJAVO IN PRELIVOM IZ PINJOL

PRIPRAVE:20 minut mariniranja: 30 minut žara: 10 minut naredi: 8 zavitkov (4 porcije)

1½ funtov piščančjih prsi brez kože in kosti, narezane na 2-palčne kose
5 žlic oljčnega olja
2 žlici svežega limoninega soka
1¾ čajne žličke mlete kumine
1 čajna žlička drobno sesekljanega česna
1 čajna žlička paprike
½ žličke karija v prahu
½ žličke mletega cimeta
¼ čajne žličke kajenskega popra
1 srednja bučka, prepolovljena
1 majhen jajčevec, narezan na ½-palčne rezine
1 velika rumena paprika, prepolovljena in izrezana
1 srednja rdeča čebula, narezana na četrtine
8 češnjevih paradižnikov
8 velikih listov maslene solate
Preliv iz praženih pinjol (glej recept)
Limonine rezine

1. Za marinado v majhni skledi zmešajte 3 žlice olivnega olja, limonin sok, 1 čajno žličko kumine, česen, ½ čajne žličke paprike, curry v prahu, ¼ čajne žličke cimeta in kajenski poper. Kose piščanca položite v veliko plastično vrečko, ki jo je mogoče ponovno zapreti, v plitvo posodo. Piščanca prelijemo z marinado. Tesnilna vrečka; torbo spremeni v plašč. Marinirajte v hladilniku 30 minut, vrečko občasno obrnite.

2. Odstranite piščanca iz marinade; zavrzite marinado. Piščanca nataknite na štiri dolga nabodala.

3. Na krožnik naložimo bučke, jajčevce, papriko in čebulo. Pokapljajte z 2 žlicama oljčnega olja. Potresemo s preostalo ¾ čajne žličke kumine, preostalo ½ čajne žličke paprike in preostalo ¼ čajne žličke cimeta; rahlo podrgnite po zelenjavi. Paradižnik nabodite na dve nabodali.

3. Za žar na oglje ali plin postavite piščančje in paradižnikove ražnjiče ter zelenjavo na rešetko na srednji ogenj. Pokrijte in pecite na žaru, dokler piščanec ni več rožnat, zelenjava pa rahlo zoglenela in hrustljava, pri tem pa enkrat obrnite. Pustite 10 do 12 minut za piščanca, 8 do 10 minut za zelenjavo in 4 minute za paradižnik.

4. Odstranite piščanca z nabodala. Piščanca sesekljamo, bučke, jajčevce in papriko pa narežemo na grižljaj. Odstranite paradižnike z nabodal (ne sekljajte). Na krožnik položite piščanca in zelenjavo. Za serviranje z žlico naložite nekaj piščanca in zelenjave na list solate; pokapljamo s prelivom iz popečenih pinjol. Postrezite z rezinami limone.

V PEČICI DUŠENE PIŠČANČJE PRSI Z GOBAMI, ČESNOVO PRETLAČENO CVETAČO IN PEČENIMI ŠPARGLJI

ZAČETEK DO KONCA: 50 minut pomeni: 4 obroke

4 10- do 12-unčne polovice piščančjih prsi s kostmi, olupljene
3 dl majhnih belih šampinjonov
1 dl na tanko narezanega pora ali rumene čebule
2 skodelici piščančje kostne juhe (glej recept) ali piščančjo juho brez dodane soli
1 dl suhega belega vina
1 velik šopek svežega timijana
Črni poper
Beli vinski kis (neobvezno)
1 glavica cvetače, razdeljena na cvetove
12 olupljenih strokov česna
2 žlici olivnega olja
Beli ali kajenski poper
1 funt špargljev, narezanih
2 žlici olivnega olja

1. Pečico segrejte na 400°F. Piščančje prsi razporedite v 3-četrtinski pravokotni pekač; po vrhu z gobami in porom. Piščanca in zelenjavo zalijemo s piščančjo kostno juho in vinom. Potresemo s timijanom in potresemo s črnim poprom. Model pokrijte s folijo.

2. Pečemo 35 do 40 minut oziroma dokler termometer s takojšnjim odčitavanjem, vstavljen v piščanca, ne zabeleži temperature 170°F. Odstranite in zavrzite vejice timijana. Po želji tekočino za dušenje pred serviranjem začinite s kančkom kisa.

2. Medtem kuhajte cvetačo in česen v veliki ponvi v dovolj vrele vode, da pokrije približno 10 minut ali dokler ni zelo mehka. Cvetačo in česen odcedimo, prihranimo 2 žlici tekočine od kuhanja. V kuhinjski robot ali veliko posodo za mešanje dajte cvetačo in prihranjeno tekočino za kuhanje. Predelajte do gladkega* ali pretlačite s tlačilko za krompir; primešamo 2 žlici oljčnega olja in začinimo z belim poprom. Pustite na toplem do serviranja.

3. Šparglje v enem sloju položite na pekač. Prelijemo z 2 žličkama olivnega olja in premešamo. Potresemo s črnim poprom. Pecite v pečici pri 400 °F približno 8 minut ali dokler ne postane hrustljavo in enkrat premešajte.

4. Pretlačeno cvetačo razdelite na šest servirnih krožnikov. Na vrh položite piščanca, gobe in por. Pokapajte nekaj tekočine za dušenje; postrežemo s pečenimi šparglji.

*Opomba: če uporabljate kuhinjski robot, bodite previdni, da ne predelate preveč, sicer bo cvetača pretanka.

TAJSKA PIŠČANČJA JUHA

PRIPRAVE: 30 minut Zamrzovanje: 20 minut Kuhanje: 50 minut Naredi: 4 do 6 obrokov

TAMARINDA JE MOŠUSNO, KISLO SADJE UPORABLJA SE V INDIJSKI, TAJSKI IN MEHIŠKI KUHINJI. ŠTEVILNE KOMERCIALNO PRIPRAVLJENE TAMARINDOVE PASTE VSEBUJEJO SLADKOR – POSKRBITE, DA KUPITE TAKŠNO, KI GA NE VSEBUJE. LISTE KAFIRSKE LIMETE LAHKO NAJDETE SVEŽE, ZAMRZNJENE IN POSUŠENE NA VEČINI AZIJSKIH TRGOV. ČE JIH NE NAJDETE, LISTE V TEM RECEPTU NADOMESTITE Z 1½ ČAJNE ŽLIČKE NASTRGANE LIMETINE LUPINE.

- 2 stebla limonske trave, obrezana
- 2 žlici nerafiniranega kokosovega olja
- ½ dl na tanko narezane zelene čebule
- 3 veliki stroki česna, narezani na tanke rezine
- 8 skodelic piščančje kostne juhe (glej recept) ali piščančjo juho brez dodane soli
- ¼ skodelice tamarindove paste brez dodanega sladkorja (kot je blagovna znamka Tamicon)
- 2 žlici nori kosmičev
- 3 sveži tajski čiliji, narezani na tanke rezine z nedotaknjenimi semeni (glej napitnina)
- 3 listi kaffir limete
- 1 3-palčni kos ingverja, narezan na tanke rezine
- 4 polovice piščančjih prsi brez kože in kosti po 6 unč
- 1 14,5-unčna pločevinka brez dodane soli na ognju pražen paradižnik, narezan na kocke, neodcejen
- 6 unč tankih špargljev, obrezanih in diagonalno narezanih na ½-palčne kose
- ½ skodelice pakiranih listov tajske bazilike (glejte Opomba)

1. S hrbtno stranjo noža z močnim pritiskom pihajte stebla limonske trave. Poškodovana stebla drobno sesekljajte.

2. V nizozemski pečici na srednjem ognju segrejte kokosovo olje. Dodajte limonsko travo in kapesota; kuhajte 8 do 10 minut in pogosto mešajte. Dodajte česen; kuhajte in mešajte 2 do 3 minute ali dokler ne zadiši.

3. Dodajte piščančjo kostno juho, tamarindovo pasto, nori kosmiče, čili, liste limete in ingver. kuhar; Zmanjšajte toploto. Pokrijte in dušite 40 minut.

4. Medtem zamrznite piščanca za 20 do 30 minut ali dokler ni čvrst. Piščanca na tanko narežemo.

5. Precedite juho skozi cedilo s finimi mrežicami v veliko ponev in pritisnite navzdol s hrbtno stranjo velike žlice, da izločite okuse. Zavrzite trden material. Juho zavremo. Primešamo piščanca, neodcejene paradižnike, šparglje in baziliko. Zmanjšajte toploto; odkrito dušite 2 do 3 minute ali dokler ni piščanec kuhan. Postrezite takoj.

OCVRT PIŠČANEC Z LIMONO IN ŽAJBLJEM Z ENDIVIJO

PRIPRAVE:15 minut praženja: 55 minut mirovanja: 5 minut naredi: 4 porcije

REZINE LIMONE IN LISTI ŽAJBLJAPOSTAVLJEN POD KOŽO PIŠČANCA, MESU MED PEČENJEM DAJE OKUS – IN NAREDI PRIVLAČEN DIZAJN POD HRUSTLJAVO, NEPROZORNO KOŽO, KO PRIDE IZ PEČICE.

4 polovice piščančjih prsi s kostmi (s kožo)

1 limona, zelo tanko narezana

4 veliki listi žajblja

2 žlici olivnega olja

2 žlički sredozemske začimbe (glej<u>recept</u>)

½ žličke črnega popra

2 žlici ekstra deviškega oljčnega olja

2 šalotki, narezani

2 stroka česna, sesekljana

4 glave endivije, po dolžini razpolovljene

1. Pečico segrejte na 400°F. Z nožem za lupljenje zelo previdno odstranite kožo z vsake polovice prsi, tako da jo pustite na eni strani. Na meso vsake prsi položite 2 rezini limone in 1 list žajblja. Nežno povlecite kožo nazaj na svoje mesto in jo rahlo pritisnite, da jo pritrdite.

2. Piščanca položite v plitev pekač. Piščanca namažite z 2 žličkama oljčnega olja; potresemo z mediteranskimi začimbami in ¼ žličke paprike. Pecite brez pokrova približno 55 minut ali dokler koža ne postane rjava in hrustljava in termometer s takojšnjim odčitavanjem,

vstavljen v piščanca, pokaže 170 °F. Pred serviranjem piščanca pustimo stati 10 minut.

3. Medtem v večji ponvi na zmernem ognju segrejte 2 žlici olivnega olja. Dodamo šalotko; kuhajte približno 2 minuti ali dokler ne postane prosojno. Endivijo potresemo s preostalo ¼ čajne žličke popra. V ponev dodamo česen. Endivijo položimo v ponev s prerezano stranjo navzdol. Kuhajte približno 5 minut oziroma dokler se ne obarvajo. Endivijo previdno obrnemo; kuhajte še 2 do 3 minute ali dokler se ne zmehča. Postrezite s piščancem.

PIŠČANEC Z ZELENO ČEBULO, VODNO KREŠO IN REDKVICAMI

PRIPRAVE:20 minut kuhanja: 8 minut peke: 30 minut naredi: 4 porcije

ČEPRAV SE MORDA SLIŠI NENAVADNO KUHATI REDKVICE,TUKAJ SO KOMAJ KUHANI - RAVNO TOLIKO, DA ZMEHČAJO NJIHOV POPER ZALOGAJ IN JIH MALO ZMEHČAJO.

3 žlice oljčnega olja
4 polovice piščančjih prsi s 10 do 12 unčami (s kožo)
1 žlica limonino-zeliščne začimbe (glej_recept_)
¾ skodelice narezanih kapesant
6 redkvic, narezanih na tanke rezine
¼ čajne žličke črnega popra
½ skodelice suhega belega vermuta ali suhega belega vina
⅓ skodelice kreme iz indijskih oreščkov (glejte_recept_)
1 šopek vodne kreše, stebla obrezana, grobo narezana
1 žlica sesekljanega svežega kopra

1. Pečico segrejte na 350°F. V veliki ponvi segrejte olivno olje na srednje močnem ognju. Piščanca osušite s papirnato brisačo. Piščanca kuhajte s kožo navzdol 4 do 5 minut ali dokler koža ne postane zlata in hrustljava. Obrnite piščanca; kuhajte približno 4 minute oziroma dokler niso obarvane. Piščanca položite s kožo navzgor v plitek pekač. Piščanca potresemo z limonino-zeliščno začimbo. Pečemo približno 30 minut ali dokler termometer s takojšnjim odčitavanjem, vstavljen v piščanca, ne zabeleži 170 °F.

2. Medtem vlijte vse, razen 1 žlico kapljic iz ponve; vrnemo ponev na ogenj. Dodamo mlado čebulo in redkev; kuhajte približno 3 minute ali samo toliko časa, da čebulice

ovenijo. Potresemo s poprom. Dodajte vermut in mešajte, da postrgate porjavele koščke. kuhar; kuhamo, dokler se ne reducira in rahlo zgosti. Vmešajte kremo iz indijskih oreščkov; Kuhaj. Odstranite ponev z vročine; dodamo vodno krešo in koper, nežno mešamo, da vodna kreša oveni. Primešajte piščančji sok, ki se je nabral v pekaču.

3. Mešanico kapesant razdelite med štiri servirne posode; vrh s piščancem.

PIŠČANEC TIKKA MASALA

PRIPRAVE: 30 minut Mariniranje: 4 do 6 ur Kuhanje: 15 minut Pečenje: 8 minut Naredi: 4 porcije

NAVDIH ZA TO JE BILA ZELO PRILJUBLJENA INDIJSKA JEDKI MORDA SPLOH NI NASTALA V INDIJI, TEMVEČ V INDIJSKI RESTAVRACIJI V VELIKI BRITANIJI. TRADICIONALNA PIŠČANČJA TIKKA MASALA ZAHTEVA, DA SE PIŠČANEC MARINIRA V JOGURTU IN NATO SKUHA V PIKANTNI PARADIŽNIKOVI OMAKI, POKAPANI S SMETANO. BREZ MLEČNIH IZDELKOV, KI BI RAZREDČILI OKUS OMAKE, JE TA RAZLIČICA ŠE POSEBEJ ČISTA. NAMESTO RIŽA GA POSTREŽEMO NA HRUSTLJAVIH BUČKINIH REZANCIH.

1½ funta piščančjih beder ali polovic piščančjih prsi brez kože in kosti

¾ skodelice naravnega kokosovega mleka (kot Nature's Way)

6 strokov česna, sesekljanih

1 žlica naribanega svežega ingverja

1 čajna žlička mletega koriandra

1 čajna žlička paprike

1 čajna žlička mlete kumine

¼ čajne žličke mletega kardamoma

4 žlice rafiniranega kokosovega olja

1 skodelica sesekljanega korenja

1 tanko narezana zelena

½ skodelice sesekljane čebule

2 čilija jalapeño ali serrano, brez sredice (po želji) in drobno narezana (glejte napitnina)

1 14,5-unčna pločevinka brez dodane soli na ognju pražen paradižnik, narezan na kocke, neodcejen

1 8-unčna pločevinka paradižnikove omake brez dodane soli

1 čajna žlička garam masala brez dodane soli

3 srednje velike bučke

½ žličke črnega popra
Sveži listi koriandra

1. Če uporabljate piščančja bedra, vsako stegno razrežite na tri dele. Če uporabljate polovice piščančjih prsi, vsako polovico prsi razrežite na 2-palčne kose, vse debele dele vodoravno prerežite na pol, da postanejo tanjši. Piščanca položite v veliko plastično vrečko, ki jo je mogoče ponovno zapreti; dati na stran. Za marinado v majhni skledi zmešajte ½ skodelice kokosovega mleka, česen, ingver, koriander, papriko, kumino in kardamom. Piščanca v vrečki prelijemo z marinado. Zaprite vrečko in obrnite piščanca. Postavite vrečko v srednjo skledo; marinirajte v hladilniku 4 do 6 ur, vrečko občasno obrnite.

2. Predgrejte brojlerja. V veliki ponvi segrejte 2 žlici kokosovega olja na zmernem ognju. Dodajte korenje, zeleno in čebulo; kuhajte 6 do 8 minut ali dokler se zelenjava ne zmehča, občasno premešajte. Dodajte jalapeños; kuhamo in mešamo še 1 minuto. Dodamo neodcejene paradižnike in paradižnikovo omako. kuhar; Zmanjšajte toploto. Odkrito dušimo približno 5 minut oziroma toliko časa, da se omaka rahlo zgosti.

3. Piščanca odcedimo, marinado zavržemo. Kose piščanca razporedite v eno plast na neogreto rešetko ponve za brojlerje. Pecite 5 do 6 centimetrov od vročine 8 do 10 minut ali dokler piščanec ni več rožnat, pri čemer ga na polovici kuhanja enkrat obrnite. Paradižnikovi mešanici v ponvi dodajte kuhane koščke piščanca in preostalo ¼ skodelice kokosovega mleka. Kuhajte 1 do 2 minuti ali dokler se ne segreje. Odstranite z ognja; vmešajte garam masalo.

4. Odrežite konce bučk. Bučko z rezalnikom za julienne narežemo na dolge tanke trakove. Preostali 2 žlici kokosovega olja segrejte v zelo veliki ponvi na srednje močnem ognju. Dodajte trakove bučk in črni poper. Kuhajte in mešajte 2 do 3 minute ali dokler bučke ne postanejo hrustljave.

5. Za serviranje bučke razdelite na štiri servirne krožnike. Na vrh nanesite mešanico piščanca. Okrasite z listi koriandra.

RAS EL HANOUT PIŠČANČJA BEDRA

PRIPRAVE: 20 minut kuhanja: 40 minut pomeni: 4 porcije

RAS EL HANOUT JE KOMPLEKSIN MEŠANICA EKSOTIČNIH MAROŠKIH ZAČIMB. BESEDNA ZVEZA V ARABŠČINI POMENI "VODJA TRGOVINE", KAR POMENI, DA GRE ZA EDINSTVENO MEŠANICO NAJBOLJŠIH ZAČIMB, KI JIH LAHKO PONUDI PRODAJALEC ZAČIMB. ZA RAS EL HANOUT NI DOLOČENEGA RECEPTA, POGOSTO PA VSEBUJE MEŠANICO INGVERJA, JANEŽA, CIMETA, MUŠKATNEGA OREŠČKA, POPRA V ZRNU, NAGELJNOVIH ŽBIC, KARDAMOMA, SUHIH CVETOV (KOT STA SIVKA IN VRTNICA), ČRNICE, MUŠKATNEGA OREŠČKA, GALANGALA IN KURKUME.

1 žlica mlete kumine
2 žlički mletega ingverja
1½ žličke črnega popra
1½ žličke mletega cimeta
1 čajna žlička mletega koriandra
1 žlička kajenskega popra
1 žlička mletega pimenta
½ žličke mletih nageljnovih žbic
¼ čajne žličke mletega muškatnega oreščka
1 žlička žafranove niti (neobvezno)
4 žlice nerafiniranega kokosovega olja
8 piščančjih beder s kostmi
1 8-unčni paket svežih gob, narezanih
1 dl sesekljane čebule
1 skodelica sesekljane rdeče, rumene ali zelene paprike (1 velika)
4 roma paradižniki, brez sredice in narezane
4 stroki česna, sesekljani
2 pločevinki po 13,5 unč naravnega kokosovega mleka (kot je Nature's Way)

3 do 4 žlice svežega limetinega soka

¼ skodelice drobno sesekljanega svežega cilantra

1. Za ras el hanout zmešajte kumino, ingver, črni poper, cimet, koriander, kajenski poper, piment, nageljnove žbice, muškatni orešček in po želji žafran v srednje veliki možnarju ali majhni skledi. Zmeljemo s tolkačem ali premešamo z žlico, da se dobro premeša. Dati na stran.

2. V zelo veliki ponvi segrejte 2 žlici kokosovega olja na zmernem ognju. Piščančja bedra potresemo z 1 žlico ras el hanout. Dodajte piščanca v ponev; kuhajte 5 do 6 minut ali dokler ne porjavi, na polovici kuhanja pa enkrat obrnite. Odstranite piščanca iz ponve; obdrži toplo.

3. V isti ponvi na srednje močnem ognju segrejte preostali 2 žlici kokosovega olja. Dodamo gobe, čebulo, papriko, paradižnik in česen. Kuhajte in mešajte približno 5 minut oziroma dokler se zelenjava ne zmehča. Zmešajte kokosovo mleko, limetin sok in 1 žlico ras el hanout. Piščanca vrnite v ponev. kuhar; Zmanjšajte toploto. Pokrito dušite približno 30 minut ali dokler se piščanec ne zmehča (175 °F).

4. Piščanca, zelenjavo in omako postrežemo v skledicah. Okrasite s cilantrom.

Opomba: Ostanke Ras el Hanouta hranite v pokriti posodi do 1 meseca.

STAR FRUIT ADOBO PIŠČANČJA BEDRA NAD DUŠENO ŠPINAČO

PRIPRAVE: 40 minut   Mariniranje: 4 do 8 ur   Kuhanje: 45 minut   Naredi: 4 porcije

PO POTREBI PIŠČANCA OSUŠIMO PAPIRNATO BRISAČO, POTEM KO PRIDE IZ MARINADE, PREDEN PORJAVI V PONVI. VSA TEKOČINA, KI OSTANE NA MESU, BO PLJUSKNILA V VROČE OLJE.

8 piščančjih stegen s kostmi (1½ do 2 funta), oluščenih
¾ skodelice belega ali jabolčnega kisa
¾ skodelice svežega pomarančnega soka
½ skodelice vode
¼ skodelice sesekljane čebule
¼ skodelice sesekljanega svežega cilantra
4 stroki česna, sesekljani
½ žličke črnega popra
1 žlica oljčnega olja
1 sadje (karambola), narezano na rezine
1 skodelica piščančje kostne juhe (glej recept) ali piščančjo juho brez dodane soli
2 paketa po 9 unč svežih listov špinače
Sveži listi koriandra (neobvezno)

1. Piščanca postavite v nizozemsko pečico iz nerjavečega jekla ali emajla; dati na stran. V srednje veliki skledi zmešajte kis, pomarančni sok, vodo, čebulo, ¼ skodelice sesekljanega cilantra, česen in poper; prelijemo čez piščanca. Pokrijte in marinirajte v hladilniku 4 do 8 ur.

2. Piščančjo mešanico zavrite v nizozemski pečici na srednjem ognju; Zmanjšajte toploto. Pokrijte in dušite 35 do 40 minut ali dokler piščanec ni več rožnat (175 °F).

3. V zelo veliki ponvi na srednjem ognju segrejte olje. Odstranite piščanca iz nizozemske pečice s kleščami in nežno stresajte, da tekočina za kuhanje odteče; rezervirajte tekočino za kuhanje. Piščanca popečemo z vseh strani, pogosto obračamo, da dobi enakomerno barvo.

4. Medtem za omako precedite tekočino od kuhanja; vrnite v nizozemsko pečico. Kuhaj. Kuhajte približno 4 minute, da se zmanjša in rahlo zgosti; dodajte zvezdasto sadje; kuhamo še 1 minuto. Piščanca vrnite v omako v nizozemski pečici. Odstranite z ognja; pokrijte, da ostane toplo.

5. Obrišite ponev. V ponev vlijemo piščančjo kostno juho. Zavremo na srednje močnem ognju; vmešamo špinačo. Zmanjšajte toploto; med nenehnim mešanjem dušite 1 do 2 minuti ali dokler špinača ravno ne oveni. Z žlico z režami prenesite špinačo v servirni krožnik. Vrh s piščancem in omako. Po želji potresemo s koriandrovimi listi.

PIŠČANČJI TAKOSI IZ ZELJA POBLANO S CHIPOTLE MAYO

PRIPRAVE:25 minut peke: 40 minut: 4 porcije

POSTREZITE TE NEUREJENE, A OKUSNE TAKOSE Z VILICAMI POBERITE NADEV, KI SLUČAJNO PADE IZ ZELJNEGA LISTA, KO GA JESTE.

1 žlica oljčnega olja
2 poblano čilija, brez sredice (po želji) in narezana (glejte napitnina)
½ skodelice sesekljane čebule
3 stroki česna, sesekljani
1 žlica čilija v prahu brez soli
2 žlički mlete kumine
½ žličke črnega popra
1 8-unčna pločevinka paradižnikove omake brez dodane soli
¾ skodelice piščančje kostne juhe (glej recept) ali piščančjo juho brez dodane soli
1 čajna žlička posušenega mehiškega origana, zdrobljenega
1 do 1½ funta piščančjih beder brez kože in kosti
10 do 12 srednje velikih do velikih zeljnih listov
Chipotle Paleo Mayo (glej recept)

1. Pečico segrejte na 350°F. V veliki ponvi, odporni na pečico, segrejte olje na srednje močnem ognju. Dodajte poblano čili, čebulo in česen; kuhamo in mešamo 2 minuti. Vmešajte čili v prahu, kumino in črni poper; kuhamo in mešamo še 1 minuto (po potrebi zmanjšamo ogenj, da se začimbe ne zažgejo).

2. V ponev dodamo paradižnikovo omako, juho iz piščančjih kosti in origano. Kuhaj. Piščančja bedra previdno položimo v paradižnikovo mešanico. Ponev pokrijemo s pokrovko. Pečemo približno 40 minut ali dokler se

piščanec ne zmehča (175 °F), pri čemer piščanca enkrat na polovici obrnemo.

3. Odstranite piščanca iz ponve; nekoliko ohladimo. Z dvema vilicama razrežemo piščanca na grižljaj velike kose. V paradižnikovo zmes v ponvi vmešamo narezano piščančje meso.

4. Za serviranje piščančjo mešanico vmešajte v zeljne liste; vrh s Chipotle Paleo Mayo.

PIŠČANČJA ENOLONČNICA Z MLADIM KORENJEM IN BOK CHOY

PRIPRAVE: 15 minut vre: 24 minut stoji: 2 minuti je: 4 porcije

BABY BOK CHOY JE ZELO OBCUTLJIVIN SE LAHKO V TRENUTKU PREKUHA. DA BO OSTAL HRUSTLJAV IN SVEZ – NE OVENEL IN RAZMOCEN – GA KUHAJTE NA PARI V POKRITEM VROCEM LONCU (Z OGNJA) NAJVEC 2 MINUTI, PREDEN LONEC POSTREZETE.

2 žlici olivnega olja

1 por, narezan (beli in svetlo zeleni deli)

4 skodelice piščančje kostne juhe (glej recept) ali piščančjo juho brez dodane soli

1 dl suhega belega vina

1 žlica dijonske gorčice (glej recept)

½ žličke črnega popra

1 vejica svežega timijana

1¼ funta piščančjih beder brez kože in kosti, narezanih na 1-palčne kose

8 unč mladega korenja z vrhovi, olupljenih, obrezanih in po dolžini prepolovljenih, ali 2 srednje velika korenčka, narezana

2 čajni žlički drobno naribane limonine lupine (odstavimo)

1 žlica svežega limoninega soka

2 glavi baby bok choy

½ čajne žličke sesekljanega svežega timijana

1. V veliki ponvi na srednjem ognju segrejte 1 žlico oljčnega olja. Na vročem olju kuhajte por 3 do 4 minute oziroma dokler ne oveni. Dodajte piščančjo kostno juho, vino, dijonsko gorčico, ¼ čajne žličke paprike in vejico timijana. kuhar; Zmanjšajte toploto. Kuhajte 10 do 12 minut oziroma dokler se tekočina ne zmanjša za približno tretjino. Zavrzite vejico timijana.

2. Medtem segrejte preostalo 1 žlico oljčnega olja v nizozemski pečici na srednje močnem ognju. Piščanca potresemo s preostalo ¼ čajne žličke popra. Kuhajte v vročem olju približno 3 minute ali dokler ne porjavi, občasno premešajte. Po potrebi odlijemo maščobo. Previdno dodajte mešanico reducirane juhe v lonec in postrgajte vse porjavele koščke; dodajte korenje. kuhar; Zmanjšajte toploto. Odkrito dušite 8 do 10 minut oziroma toliko časa, da se korenje zmehča. Vmešajte limonin sok. Bok choy prerežite po dolžini. (Če so glave bok choya velike, jih razrežite na četrtine.) Položite bok choy na vrh piščanca v loncu. Pokrijte in odstranite z ognja; pustite stati 2 minuti.

3. Enolončnico prelijemo v plitve posodice. Čez potresemo limonino lupinico in sesekljan timijan.

INDIJSKI OREŠČKI-POMARANČNI PIŠČANEC IN KAŠA IZ PAPRIKE V ZAVITKIH ZELENE SOLATE

ZAČETEK DO KONCA: 45 minut pomeni: 4 do 6 obrokov

NAŠLI BOSTE DVE VRSTI KOKOSOVO OLJE NA PRODAJNIH POLICAH – RAFINIRANO IN EKSTRA DEVIŠKO ALI NERAFINIRANO. KOT ŽE IME POVE, JE EKSTRA DEVIŠKO KOKOSOVO OLJE PRIDOBLJENO S PRVIM STISKANJEM SVEŽEGA, SUROVEGA KOKOSA. VEDNO JE BOLJŠA IZBIRA PRI KUHANJU NA SREDNJEM ALI SREDNJEM OGNJU. RAFINIRANO KOKOSOVO OLJE IMA VIŠJO DIMNO TOČKO, ZATO GA UPORABLJAJTE SAMO PRI KUHANJU NA VISOKI TEMPERATURI.

- 1 žlica rafiniranega kokosovega olja
- 1½ do 2 funta piščančjih beder brez kože in kosti, narezanih na tanke trakove v velikosti grižljaja
- 3 rdeče, oranžne in/ali rumene paprike brez pecljev, sredice in tanko narezane na trakove v velikosti grižljaja
- 1 rdeča čebula, po dolžini prepolovljena in tanko narezana
- 1 žlička drobno naribane pomarančne lupinice (odstavimo)
- ½ skodelice svežega pomarančnega soka
- 1 žlica drobno sesekljanega svežega ingverja
- 3 stroki česna, sesekljani
- 1 skodelica nesoljenih surovih indijskih oreščkov, praženih in grobo sesekljanih (glejte napitnina)
- ½ skodelice narezane zelene čebule (4)
- 8 do 10 listov masla ali solate ledenke

1. V voku ali veliki ponvi na visoki temperaturi segrejte kokosovo olje. Dodajte piščanca; kuhamo in mešamo 2 minuti. Dodajte papriko in čebulo; kuhajte in mešajte 2 do

3 minute ali dokler se zelenjava ravno ne začne mehčati. Odstranite piščanca in zelenjavo iz voka; obdrži toplo.

2. Vok obrišemo s papirnatimi brisačkami. V vok dodajte pomarančni sok. Kuhajte približno 3 minute ali dokler sok ne povre in rahlo zmanjšajte. Dodajte ingver in česen. Kuhajte in mešajte 1 minuto. Mešanico piščanca in popra vrnite v vok. Vmešajte pomarančno lupinico, indijske oreščke in zeleno čebulo. Vok postrezite na listih zelene solate.

VIETNAMSKI PIŠČANEC S KOKOSOVO LIMONSKO TRAVO

ZAČETEK DO KONCA: 30 minut pomeni: 4 porcije

TA HITRI KOKOSOV CURRY JE LAHKO NA MIZI V 30 MINUTAH OD TRENUTKA, KO ZAČNETE SEKLJATI, ZARADI ČESAR JE IDEALEN OBROK ZA NAPOREN TEDENSKI VEČER.

- 1 žlica nerafiniranega kokosovega olja
- 4 stebla limonske trave (samo bledi deli)
- 1 3,2-unča pakiranja ostrigarskih gob, narezanih
- 1 velika čebula, tanko narezana, razpolovljena kolobarja
- 1 svež jalapeño, brez sredice in drobno narezan (glejte napitnina)
- 2 žlici drobno sesekljanega svežega ingverja
- 3 sesekljani stroki česna
- 1½ funta piščančjih stegen brez kože in kosti, tanko narezanih in narezanih na koščke
- ½ skodelice naravnega kokosovega mleka (kot je Nature's Way)
- ½ skodelice piščančje kostne juhe (glej recept) ali piščančjo juho brez dodane soli
- 1 žlica rdečega karija brez soli
- ½ žličke črnega popra
- ½ skodelice sesekljanih svežih listov bazilike
- 2 žlici svežega limetinega soka
- Nesladkan naribani kokos (neobvezno)

1. V zelo veliki ponvi segrejte kokosovo olje na zmernem ognju. Dodajte limonsko travo; kuhamo in mešamo 1 minuto. Dodajte gobe, čebulo, jalapeño, ingver in česen; kuhajte in mešajte 2 minuti ali dokler se čebula ne zmehča. Dodajte piščanca; kuhamo približno 3 minute oziroma dokler ni piščanec pečen.

2. V majhni skledi zmešajte kokosovo mleko, juho iz piščančjih kosti, kari v prahu in črni poper. Dodajte piščančjo mešanico v ponev; kuhajte 1 minuto ali dokler se tekočina nekoliko ne zgosti. Odstranite z ognja; vmešajte svežo baziliko in limetin sok. Po želji porcije potresemo s kokosom.

PIŠČANEC NA ŽARU IN JABOLČNA ESCAROLE SOLATA

PRIPRAVE:30 minut žara: 12 minut naredi: 4 porcije

ČE IMATE RADI BOLJ SLADKO JABOLKO,POJDI Z HONEYCRISPOM. ČE IMATE RADI TRPKO JABOLKO, UPORABITE GRANNY SMITH - ALI ZA RAVNOVESJE POSKUSITE MEŠANICO OBEH SORT.

3 srednje velika jabolka Honeycrisp ali Granny Smith
4 žličke ekstra deviškega oljčnega olja
½ dl drobno sesekljane šalotke
2 žlici sesekljanega svežega peteršilja
1 žlica začimb za perutnino
3 do 4 glave escarole, narezane na četrtine
1 funt mletih piščančjih ali puranjih prsi
⅓ skodelice sesekljanih praženih lešnikov*
⅓ skodelice klasične francoske vinaigrette (glej recept)

1. Jabolka razpolovite in jim odstranite sredico. Olupite in drobno narežite 1 jabolko. V srednji ponvi segrejte 1 čajno žličko oljčnega olja na srednjem ognju. Dodamo sesekljano jabolko in šalotko; kuhamo do mehkega. Vmešajte peteršilj in začimbe za ptice. Odstavimo, da se ohladi.

2. Medtem preostalima 2 jabolkoma odstranite sredico in jih narežite na kolesca. Odrezane strani jabolčnih krhljev in escarole namažite s preostalim oljčnim oljem. V veliki skledi zmešajte piščanca in ohlajeno jabolčno mešanico. Razdelite na osem delov; vsak del oblikujte v polpet s premerom 2 palca.

3. Za žar na oglje ali plin položite piščančje polpete in krhlje jabolk na rešetko neposredno na srednji ogenj. Pokrijte in

pecite na žaru 10 minut, na polovici pečenja enkrat obrnite. Dodajte escarole, odrezane strani navzdol. Pokrijte in pecite na žaru 2 do 4 minute ali dokler escarole rahlo ne zogleni, jabolka ne postanejo mehka in piščančji polpeti pripravljeni (165 °F).

4. Grobo sesekljajte escarole. Escarole razdelite na štiri servirne krožnike. Na vrh položite piščančje polpete, rezine jabolk in lešnike. Pokapljajte po klasični francoski vinaigrette.

*Nasvet: Če želite popeči lešnike, pečico segrejte na 350°F. V plitek pekač razporedimo orehe v eni plasti. Pecite 8 do 10 minut ali dokler niso rahlo popečeni, enkrat premešajte, da se enakomerno zapečejo. Oreščke rahlo ohladite. Tople oreščke položite na čisto kuhinjsko krpo; zdrgnite z brisačo, da odstranite ohlapne kože.

TOSKANSKA PIŠČANČJA JUHA Z OHROVTOVIMI TRAKOVI

PRIPRAVE: 15 minut kuhanja: 20 minut za: 4 do 6 obrokov

ŽLICA PESTA- BAZILIKA ALI RUKOLA PO VAŠI IZBIRI – DODA ODLIČEN OKUS TEJ SLANI JUHI, ZAČINJENI Z ZAČIMBAMI ZA PERUTNINO BREZ SOLI. DA BODO OHROVTOVI TRAKOVI OSTALI SVETLO ZELENI IN ČIM BOLJ POLNI HRANIL, JIH KUHAJTE LE TOLIKO ČASA, DA OVENIJO.

1 funt mletega piščanca
2 žlici začimb za perutnino brez dodane soli
1 čajna žlička drobno nastrgane limonine lupinice
1 žlica oljčnega olja
1 dl sesekljane čebule
½ skodelice sesekljanega korenja
1 dl sesekljane zelene
4 stroki česna, narezani
4 skodelice piščančje kostne juhe (glej recept) ali piščančjo juho brez dodane soli
1 14,5-unčna pločevinka pečenih paradižnikov brez dodane soli, neodcejena
1 šopek lacinato (toskanskega) ohrovta, ki mu odstranimo stebla in narežemo na trakove
2 žlici svežega limoninega soka
1 čajna žlička sesekljanega svežega timijana
Pesto iz bazilike ali rukole (glej recept)

1. V srednji skledi zmešajte mletega piščanca, začimbe za perutnino in limonino lupino. Dobro premešaj.

2. V nizozemski pečici na srednjem ognju segrejte oljčno olje. Dodajte piščančjo mešanico, čebulo, korenje in zeleno; kuhajte 5 do 8 minut ali dokler piščanec ni več rožnat, mešajte z leseno žlico, da razdrobite meso, in dodajte

stroke česna v zadnji 1 minuti kuhanja. Dodamo piščančjo kostno juho in paradižnik. kuhar; Zmanjšajte toploto. Pokrijte in dušite 15 minut. Primešajte ohrovt, limonin sok in timijan. Odkrito dušimo približno 5 minut oziroma dokler ohrovt ravno oveni.

3. Za serviranje juho nalijte v servirne sklede in prelijte s pestom iz bazilike ali rukole.

PIŠČANČJI LARB

PRIPRAVE: 15 minut kuhanja: 8 minut hlajenja: 20 minut: 4 porcije

TA RAZLIČICA PRILJUBLJENE TAJSKE JEDI MOČNO ZAČINJENEGA MLETEGA PIŠČANCA IN ZELENJAVE, POSTREŽENEGA V LISTIH ZELENE SOLATE, JE NEVERJETNO LAHEK IN AROMATIČEN – BREZ DODANEGA SLADKORJA, SOLI IN RIBJE OMAKE (KI VSEBUJE VELIKO NATRIJA), KI SO TRADICIONALNO DEL SEZNAMA SESTAVIN. S ČESNOM, TAJSKIM ČILIJEM, LIMONSKO TRAVO, LIMETINO LUPINO, LIMETINIM SOKOM, METO IN KORIANDROM NE BOSTE ZGREŠILI.

1 žlica rafiniranega kokosovega olja
2 funta mletega piščanca (95 % pustega ali mletega prsi)
8 unč gob, drobno narezanih
1 dl drobno sesekljane rdeče čebule
1 do 2 tajska čilija, brez semen in drobno narezana (glejte napitnina)
2 žlici drobno sesekljanega česna
2 žlici drobno sesekljane limonske trave*
¼ čajne žličke mletih nageljnovih žbic
¼ čajne žličke črnega popra
1 žlica drobno naribane limetine lupinice
½ skodelice svežega limetinega soka
⅓ skodelice tesno zloženih listov sveže mete, sesekljanih
⅓ skodelice tesno pakiranega svežega cilantra, sesekljanega
1 glava solate ledenke, razdeljena na liste

1. V zelo veliki ponvi segrejte kokosovo olje na zmernem ognju. Dodajte mletega piščanca, gobe, čebulo, čili(je), česen, limonsko travo, nageljnove žbice in črni poper. Kuhajte 8 do 10 minut ali dokler ni piščanec kuhan, pri tem pa mešajte z leseno žlico, da se meso med kuhanjem razdrobi. Po potrebi odcedite. Piščančjo mešanico

prenesite v zelo veliko skledo. Pustite, da se ohladi približno 20 minut ali dokler ni nekoliko toplejša od sobne temperature, občasno premešajte.

2. V piščančjo mešanico vmešajte limetino lupinico, limetin sok, meto in koriander. Postrežemo v solatnih listih.

*Nasvet: Za pripravo limonske trave potrebujete oster nož. Odrežite oleselo steblo z dna stebla in žilave zelene liste na vrhu rastline. Odstranite dve trdi zunanji plasti. Morali bi imeti kos limonske trave, ki je dolg približno 6 centimetrov in je bledo rumeno-bel. Steblo vodoravno prepolovite, nato pa vsako polovico še enkrat prepolovite. Vsako četrtino stebla zelo tanko narežite.

PIŠČANČJI BURGER Z OMAKO IZ INDIJSKIH OREŠČKOV SZECHWAN

PRIPRAVE: 30 minut kuhanja: 5 minut peke na žaru: 14 minut naredi: 4 porcije

ČILIJEVO OLJE, PRIDOBLJENO S SEGREVANJEM OLIVNO OLJE Z ZDROBLJENO RDEČO PAPRIKO LAHKO UPORABIMO TUDI DRUGAČE. UPORABITE GA ZA PRAŽENJE SVEŽE ZELENJAVE – ALI PA JO PRED CVRTJEM PRELIJETE Z MALO ČILIJEVEGA OLJA.

2 žlici olivnega olja
¼ čajne žličke zdrobljene rdeče paprike
2 skodelici surovih kosov indijskih oreščkov, praženih (glejte napitnina)
¼ skodelice olivnega olja
½ skodelice naribanih bučk
¼ skodelice drobno sesekljanega drobnjaka
2 stroka česna, sesekljana
2 žlički drobno nastrgane limonine lupine
2 žlički naribanega svežega ingverja
1 funt mletih piščančjih ali puranjih prsi

SZECHWAN OMAKA IZ INDIJSKIH OREŠČKOV
1 žlica oljčnega olja
2 žlici drobno sesekljane zelene čebule
1 žlica naribanega svežega ingverja
1 čajna žlička petih kitajskih začimb v prahu
1 čajna žlička svežega limetinega soka
4 zeleni listi ali listi maslene solate

1. Za čilijevo olje zmešajte oljčno olje in zdrobljeno rdečo papriko v majhni ponvi. Na majhnem ognju segrevajte 5 minut. Odstranite z ognja; ohladimo.

2. Za maslo iz indijskih oreščkov dajte indijske oreščke in 1 žlico oljčnega olja v mešalnik. Pokrijte in mešajte, dokler

ne postane kremasto, po potrebi prenehajte s strganjem navzdol in dodajte dodatno olivno olje, 1 žlico naenkrat, dokler ne porabite vsega ¼ skodelice in maslo postane zelo mehko; dati na stran.

3. V veliki skledi zmešajte bučke, drobnjak, česen, limonino lupinico in 2 žlički ingverja. Dodajte mletega piščanca; dobro premešaj. Piščančjo zmes oblikujte v štiri pol palca debele polpete.

4. Pri žaru na oglje ali plinu položite zrezke neposredno na namaščeno rešetko na srednji ogenj. Pokrijte in pecite na žaru 14 do 16 minut ali dokler ni končano (165 °F), pri čemer na polovici pečenja enkrat obrnite.

5. Medtem za omako v majhni ponvi segrejte olivno olje na zmernem ognju. Dodajte plehkobo in 1 žlico ingverja; kuhajte na srednje močnem ognju 2 minuti ali dokler se čebulice ne zmehčajo. Dodajte ½ skodelice masla iz indijskih oreščkov (ostanke masla iz indijskih oreščkov hranite v hladilniku do 1 tedna), čilijevo olje, limetin sok in pet začimb v prahu. Kuhamo še 2 minuti. Odstranite z ognja.

6. Zrezke postrezite na listih zelene solate. Prelijemo z omako.

TURŠKI PIŠČANČJI ZAVITKI

PRIPRAVE: 25 minut stoji: 15 minut vre: 8 minut je: 4 do 6 obrokov

"BAHARAT" PREPROSTO POMENI "ZAČIMBA" V ARABŠČINI. VSESTRANSKA ZAČIMBA V KUHINJI BLIŽNJEGA VZHODA, POGOSTO SE UPORABLJA KOT NAMAZA ZA RIBE, PERUTNINO IN MESO ALI PA SE ZMEŠA Z OLJČNIM OLJEM IN UPORABLJA KOT ZELENJAVNA MARINADA. KOMBINACIJA TOPLIH, SLADKIH ZAČIMB, KOT SO CIMET, KUMINA, KORIANDER, NAGELJNOVE ŽBICE IN PAPRIKA, JO NAREDI ŠE POSEBEJ AROMATIČNO. DODATEK POSUŠENE METE JE TURŠKI PRIDIH.

⅓ skodelice sesekljanih nezrelih suhih marelic

⅓ skodelice sesekljanih suhih fig

1 žlica nerafiniranega kokosovega olja

1½ funta mletih piščančjih prsi

3 skodelice narezanega pora (samo beli in svetlo zeleni deli) (3)

⅔ srednje velike zelene in/ali rdeče paprike, narezane na tanke rezine

2 žlici začimbe Baharat (glej recept, spodaj)

2 stroka česna, sesekljana

1 skodelica narezanih paradižnikov s semeni (2 srednja)

1 skodelica sesekljane kumare brez jedra (½ medija)

½ skodelice sesekljanih oluščenih nesoljenih pistacij, praženih (glejte napitnina)

¼ skodelice sesekljane sveže mete

¼ skodelice sesekljanega svežega peteršilja

8 do 12 velikih listov solate ali solate Bibb

1. V manjšo skledo dajte marelice in fige. Dodajte ⅔ skodelice vrele vode; pustimo stati 15 minut. Odcedite in prihranite ½ skodelice tekočine.

2. Medtem segrejte kokosovo olje na srednji temperaturi v zelo veliki ponvi. Dodajte mletega piščanca; kuhajte 3

minute in mešajte z leseno žlico, da meso med kuhanjem razpade. Dodamo por, papriko, začimbo baharat in česen; kuhajte in mešajte približno 3 minute ali dokler ni piščanec pripravljen in poper ravno mehak. Dodamo marelice, fige, prihranjeno tekočino, paradižnik in kumaro. Kuhajte in mešajte približno 2 minuti ali dokler se paradižniki in kumare ne začnejo razpadati. Vmešajte pistacije, meto in peteršilj.

3. Piščanca in zelenjavo postrežemo v solatnih listih.

Začimba Baharat: v majhni skledi zmešajte 2 žlici sladke paprike; 1 žlica črnega popra; 2 žlički posušene mete, drobno zdrobljene; 2 žlički mlete kumine; 2 žlici mletega koriandra; 2 čajni žlički mletega cimeta; 2 žlički mletih nageljnovih žbic; 1 čajna žlička mletega muškatnega oreščka; in 1 žličko mletega kardamoma. Hraniti v tesno zaprti posodi pri sobni temperaturi. Naredi približno ½ skodelice.

ŠPANSKE KOKOŠI CORNISH

PRIPRAVE: 10 minut Peka: 30 minut Pečenje: 6 minut Naredi: 2 do 3 porcije

TA RECEPT NE BI MOGEL BITI ENOSTAVNEJŠI- IN REZULTAT JE NARAVNOST FANTASTIČEN. OBILNE KOLIČINE DIMLJENE PAPRIKE, ČESNA IN LIMONE DAJO TEM PTIČKOM ODLIČEN OKUS.

2 1½-kilogramski kokoši Cornish, odmrznjeni, če so zamrznjeni
1 žlica oljčnega olja
6 strokov česna, sesekljanih
2 do 3 žlice prekajene sladke paprike
¼ do ½ čajne žličke kajenskega popra (neobvezno)
2 limoni, narezani na četrtine
2 žlici sesekljanega svežega peteršilja (neobvezno)

1. Pečico segrejte na 375°F. Za razčetveritev kokoši s kuhinjskimi škarjami ali ostrim nožem zarežite vzdolž obeh strani ozke hrbtenice. Ptiča oblikujte v metulja, kokoš pa prerežite na pol skozi prsno kost. Odstranite zadnjico tako, da prerežete kožo in meso, ki loči stegna od prsi. Ohrani krilo in oprsje nedotaknjeno. Kose kokoši Cornish namažite z oljčnim oljem. Potresemo s sesekljanim česnom.

2. Kose piščanca položite s kožo navzgor v zelo velik pekač. Potresemo s prekajeno papriko in kajenskim poprom. Na piščanca stisnite četrtine limone; v ponev dodamo limonino lupinico. Kose piščanca v ponvi obrnemo s kožo navzdol. Pokrijte in pecite 30 minut. Pekač vzamemo iz pečice.

3. Predgrejte brojlerja. Kose obrnite s kleščami. Prilagodite rešetko pečice. Pecite 4 do 5 centimetrov od vročine 6 do

8 minut, dokler koža ne porjavi in je piščanec pečen (175 °F). Pokapljajte po soku iz ponve. Po želji potresemo s peteršiljem.

CORNISH PEČENE KOKOŠI S PISTACIJAMI IN SOLATO IZ RUKOLE, MARELIC IN KOROMAČA

PRIPRAVE: 30 minut Hlajenje: 2 do 12 ur Pečeno: 50 minut Stoje: 10 minut Naredi: 8 obrokov

NAREJEN PESTO S PISTACIJAMIS PETERŠILJEM, TIMIJANOM, ČESNOM, POMARANČNO LUPINO, POMARANČNIM SOKOM IN OLIVNIM OLJEM SE VSAKI PTICI PRED MARINIRANJO NADEVA POD KOŽO.

4 20- do 24-unčne kokoši divjadi Cornish
3 dl surovih pistacij
2 žlici sesekljanega svežega italijanskega (ploščati) peteršilja
1 žlica sesekljanega timijana
1 velik strok česna, drobno sesekljan
2 žlički drobno naribane pomarančne lupinice
2 žlici svežega pomarančnega soka
¾ skodelice oljčnega olja
2 veliki čebuli, narezani na tanke rezine
½ skodelice svežega pomarančnega soka
2 žlici svežega limoninega soka
¼ čajne žličke sveže mletega črnega popra
¼ čajne žličke suhe gorčice
2 paketa rukole po 5 unč
1 velika čebulica komarčka, tanko naribana
2 žlici sesekljanih listov koromača
4 marelice razkoščičite in narežite na tanke kolesca

1. Izperite notranje votline divjih kokoši Cornish. Noge povežite skupaj s kuhinjsko vrvico iz 100% bombaža. Zataknite krila pod telesa; dati na stran.

2. V kuhinjskem robotu ali mešalniku zmešajte pistacije, peteršilj, timijan, česen, pomarančno lupinico in pomarančni sok. Obdelujte, dokler ne nastane groba pasta. Ko procesor deluje, dodajte ¼ skodelice oljčnega olja v počasnem in enakomernem toku.

3. S prsti zrahljajte kožo na prsih kokoši, da ustvarite žep. Četrtino mešanice pistacij enakomerno porazdelite pod kožo. Ponovite s preostalo mešanico piščanca in pistacij. Razporedite narezano čebulo po dnu ponve; na čebulo položite piščančje prsi navzgor. Pokrijte in ohladite 2 do 12 ur.

4. Pečico segrejte na 425°F. Piščanca pečemo 30 do 35 minut ali dokler termometer s takojšnjim odčitavanjem, vstavljen v notranjo stran stegenske mišice, ne zabeleži 175 °F.

5. Medtem za preliv v majhni skledi zmešajte pomarančni sok, limonin sok, poper in gorčico. Dobro premešaj. Dodajte preostalih ½ skodelice oljčnega olja v počasnem, enakomernem toku in nenehno mešajte.

6. Za solato v veliki skledi zmešajte rukolo, koromač, koromačeve liste in marelice. Rahlo pokapljamo s prelivom; vrzi dobro. Dodaten preliv rezervirajte za drug namen.

7. Piščance vzamemo iz pečice; ohlapno pokrijte s folijo in pustite 10 minut. Za serviranje solato enakomerno razdelite na osem servirnih krožnikov. Kokoši vzdolžno razpolovimo; daj piščančje polovice na solate. Postrezite takoj.

RAČJE PRSI Z GRANATNIM JABOLKOM IN SOLATO JICAMA

PRIPRAVE:15 minut priprave: 15 minut naredi: 4 porcije

ZA REZANJE DIAMANTNEGA VZORCAMAŠČOBA IZ RAČJIH PRSI POVZROČI SPROŠČANJE MAŠČOBE MED KUHANJEM PRSI, ZAČINJENIH Z GARAM MASALO. IZCEDEK ZMEŠAMO Z JICAMA, SEMENI GRANATNEGA JABOLKA, POMARANČNIM SOKOM IN GOVEJO JUHO TER POMEŠAMO Z ZELENIM POPROM, DA LE MALO OVENI.

4 mošusne račje prsi brez kosti (skupaj približno 1½ do 2 funta)
1 žlica garam masale
1 žlica nerafiniranega kokosovega olja
2 skodelici na kocke narezanih olupljenih jicama
½ skodelice semen granatnega jabolka
¼ skodelice svežega pomarančnega soka
¼ skodelice goveje juhe (glej<u>recept</u>) ali goveje juho brez dodane soli
3 dl vodne kreše, peclje odstranimo
3 dl naribanega frizeja in/ali na tanke rezine narezane belgijske endivije

1. Z ostrim nožem naredite plitve diamantne reze v maščobi račjih prsi v intervalih po 1 cm. Obe strani polovic prsi potresemo z garam masalo. Na srednjem ognju segrejte zelo veliko ponev. V vroči ponvi stopite kokosovo olje. Polovice prsi položite s kožo navzdol v ponev. Kuhajte 8 minut s kožo navzdol in pazite, da ne porjavi prehitro (po potrebi zmanjšajte ogenj). Obrnite račje prsi; kuhajte še 5 do 6 minut ali dokler termometer s takojšnjim odčitavanjem, vstavljen v polovice prsi, ne zabeleži 145 °F za medij. Odstranite polovice prsi, prihranite kapljice v ponvi; pokrijemo s folijo, da ostane toplo.

2. Za preliv dodajte jicama v kapljice v ponev; kuhamo in mešamo 2 minuti na srednjem ognju. V ponev dodajte semena granatnega jabolka, pomarančni sok in govejo juho. kuhar; takoj odstranite z ognja.

3. Za solato v veliki skledi zmešajte vodno krešo in frisée. Zelenje prelijemo z vročim prelivom; vrzi na plašč.

4. Solato razdelite na štiri krožnike. Račje prsi na tanko narežemo in položimo na solate.

ZREZKI NA ŽARU Z NARIBANO KORENASTO ZELENJAVO

PRIPRAVE:20 minut mirovanja: 20 minut žara: 10 minut mirovanja: 5 minut naredi: 4 porcije

STRIP ZREZKI IMAJO ZELO NEŽNO TEKSTURO,IN MAJHEN TRAK MAŠČOBE NA ENI STRANI ZREZKA POSTANE HRUSTLJAV IN DIMLJEN NA ŽARU. MOJA RAZMIŠLJANJA O ŽIVALSKIH MAŠČOBAH SO SE SPREMENILA OD MOJE PRVE KNJIGE. ČE SE DRŽITE OSNOVNIH NAČEL PALEO DIET® IN OHRANJATE NASIČENE MAŠČOBE ZNOTRAJ 10 DO 15 ODSTOTKOV VAŠIH DNEVNIH KALORIJ, TO NE BO POVEČALO VAŠEGA TVEGANJA ZA BOLEZNI SRCA – IN PRAVZAPRAV JE LAHKO RAVNO NASPROTNO. NOVE INFORMACIJE KAŽEJO, DA LAHKO POVIŠAN HOLESTEROL LDL DEJANSKO ZMANJŠA SISTEMSKO VNETJE, KI JE DEJAVNIK TVEGANJA ZA BOLEZNI SRCA.

- 3 žlice ekstra deviškega oljčnega olja
- 2 žlici naribanega svežega hrena
- 1 čajna žlička drobno naribane pomarančne lupinice
- ½ žličke mlete kumine
- ½ žličke črnega popra
- 4 trakovi zrezki (imenovani tudi ledja), narezani približno 1 cm debelo
- 2 srednje velika pastinaka, olupljena
- 1 velik sladki krompir, olupljen
- 1 srednje velika repa, olupljena
- 1 ali 2 šalotki, drobno sesekljani
- 2 stroka česna, sesekljana
- 1 žlica sesekljanega svežega timijana

1. V manjši skledi zmešajte 1 žlico olja, hren, pomarančno lupinico, kumino in ¼ čajne žličke paprike. Zmes

namažemo po zrezkih; pokrijte in pustite stati na sobni temperaturi 15 minut.

2. Medtem ko se hašiš kuha, pastinak, sladki krompir in repo nasekljajte s strgalnikom ali kuhinjskim robotom, opremljenim z rezilom strgalnika. V veliko skledo položite narezano zelenjavo; dodajte šalotko(e). V majhni skledi zmešajte preostali 2 žlici olja, preostalo ¼ čajne žličke popra, česen in timijan. Pokapajte po zelenjavi; premešajte, da se temeljito premeša. Prepognite 36 × 18-palčni kos težke folije na pol, da dobite dvojno debelino folije, ki meri 18 × 18 palcev. Na sredino folije položite zelenjavno mešanico; poberite nasprotne robove folije in zalepite z dvojnim pregibom. Prepognite preostale robove, da popolnoma zaprete zelenjavo in pustite prostor za nabiranje pare.

3. Za žar na oglje ali plin položite zrezke in pakete folije neposredno na rešetko za žar na srednji vročini. Zrezke pokrijte in pecite 10 do 12 minut za srednje pečene (145 °F) ali 12 do 15 minut za srednje pečene (160 °F), pri čemer jih na polovici pečenja enkrat obrnite. Paket pecite na žaru 10 do 15 minut ali dokler se zelenjava ne zmehča. Zrezke pustimo stati 5 minut, medtem ko se zelenjava skuha. Zelenjavni hašiš razdelite na štiri servirne krožnike; vrh z polpeti.

AZIJSKA GOVEJA IN ZELENJAVNA KAŠA

PRIPRAVE:30 minut priprave: 15 minut za: 4 porcije

PET ZAČIMB V PRAHU JE MEŠANICA ZAČIMB BREZ SOLI POGOSTO UPORABLJA V KITAJSKI KUHINJI. SESTAVLJEN JE IZ ENAKIH DELOV MLETEGA CIMETA, NAGELJNOVIH ŽBIC, SEMEN KOMARČKA, ZVEZDASTEGA JANEŽA IN SEČUANSKEGA POPRA.

1½ funtov zrezek brez kosti ali okrogel zrezek brez kosti, narezan na 1 cm debelo

1½ čajne žličke petih začimb v prahu

3 žlice rafiniranega kokosovega olja

1 majhna rdeča čebula, narezana na tanke kolesca

1 majhen šopek špargljev (približno 12 unč), obrezan in narezan na 3-palčne kose

1½ dl juliena pomarančnega in/ali rumenega korenja

4 stroki česna, sesekljani

1 čajna žlička drobno naribane pomarančne lupinice

¼ skodelice svežega pomarančnega soka

¼ skodelice goveje juhe (glej recept) ali govejo juho brez dodane soli

¼ skodelice belega vinskega kisa

¼ do ½ čajne žličke zdrobljene rdeče paprike

8 dl grobo narezanega zelja napa

½ skodelice nesoljenih naribanih mandljev ali nesoljenih grobo sesekljanih indijskih oreščkov, opečenih (glejte nasvete, stran 57)

1. Po želji delno zamrznite goveje meso za lažje rezanje (približno 20 minut). Govedino narežemo na zelo tanke rezine. V veliki skledi zmešajte goveje meso in pet začimb v prahu. V velikem voku ali zelo veliki ponvi segrejte 1 žlico kokosovega olja na srednje močnem ognju. Dodajte polovico govejega mesa; kuhajte in mešajte 3 do 5 minut ali dokler ne porjavi. Prenesite govedino v skledo. Ponovite s preostalo govedino in drugo 1 žlico olja. Prenesite govedino v skledo z drugo kuhano govedino.

2. V isti vok dodajte preostalo 1 žlico olja. Dodajte čebulo; kuhamo in mešamo 3 minute. Dodamo šparglje in korenje; kuhajte in mešajte 2 do 3 minute oziroma dokler zelenjava ni hrustljavo mehka. Dodajte česen; kuhamo in mešamo še 1 minuto.

3. Za omako v majhni skledi zmešajte pomarančno lupinico, pomarančni sok, govejo juho, kis in zdrobljeno rdečo papriko. Zelenjavi v voku dodajte omako in vso govedino s sokovi v skledi. Kuhajte in mešajte 1 do 2 minuti ali dokler se ne segreje. Z žlico z režami prenesite mesno zelenjavo v veliko skledo. Pokrijte, da ostane toplo.

4. Omako kuhamo nepokrito na zmernem ognju 2 minuti. Dodajte zelje; kuhajte in mešajte 1 do 2 minuti ali dokler zelje ravno ne oveni. Ohrovt in morebitne sokove pri kuhanju razdelite na štiri servirne krožnike. Enakomerno potresemo z mesno mešanico. Potresemo z oreščki.

FILEJI IZ CEDROVINE Z AZIJSKO SLANICO IN SLANO

MOKRO: 1 ura Priprava: 40 minut Žar: 13 minut Stojenje: 10 minut Naredi: 4 porcije.

NAPA ZELJE SE VČASIH IMENUJE KITAJSKO ZELJE. IMA LEPE, NAGUBANE LISTE KREM BARVE S SVETLO RUMENO-ZELENIMI KONICAMI. IMA NEŽEN, BLAG OKUS IN TEKSTURO – PRECEJ DRUGAČEN OD VOSKASTIH LISTOV ZELJA – IN NI PRESENETLJIVO, DA JE NARAVEN V AZIJSKIH JEDEH.

1 velika cedrova deska
¼ unče posušenih gob šitake
¼ skodelice orehovega olja
2 žlički drobno sesekljanega svežega ingverja
2 žlički zdrobljene rdeče paprike
1 čajna žlička zdrobljenega sečuanskega popra
¼ čajne žličke petih začimb v prahu
4 stroki česna, sesekljani
4 4- do 5-unčne pečenke, narezane na ¾ do 1 palca debelo
Azijska slana (glej recept, spodaj)

1. Desko za žar postavite v vodo; obtežite in namakajte vsaj 1 uro.

2. Medtem, za azijski slather, prelijte vrelo vodo v majhni posodi čez posušene gobe šitake; pustite 20 minut, da se navlaži. Gobe odcedimo in damo v kuhinjski robot. Dodajte orehovo olje, ingver, zdrobljeno rdečo papriko, sečuanski poper v zrnu, pet začimb v prahu in česen. Pokrijte in obdelajte, dokler se gobe ne zmeljejo in sestavine ne povežejo; dati na stran.

3. Izpraznite ploščo za žar. Za žar na oglje razporedite srednje vroče oglje po obodu žara. Desko položite na rešetko žara neposredno nad premog. Pokrijte in pecite na žaru 3 do 5 minut ali dokler deska ne začne pokati in se kaditi. Zrezke položite na rešetke žara neposredno nad premog; pečemo na žaru 3 do 4 minute ali dokler ni pečeno. Zrezke preložimo na desko z ocvrtimi stranicami navzgor. Postavite desko na sredino žara. Razdelite azijski slast med zrezke. Pokrijte in pecite na žaru 10 do 12 minut ali dokler termometer s takojšnjim odčitavanjem, vstavljen vodoravno v polpete, ne pokaže 130 °F. (Za plinski žar predhodno segrejte žar. Zmanjšajte toploto na srednjo. Odcejeno desko položite na rešetko žara; pokrijte in pecite 3 do 5 minut ali dokler deska ne začne pokati in se kaditi. Zrezke položite na žar za 3 do 4 minute ali dokler jih ne prestavite na desko s popečeno stranjo navzgor. Prilagodite žar za posredno kuhanje; desko zrezkov položite nad ugasnjen gorilnik. Slabo razdelimo med zrezke. Pokrijte in pecite na žaru 10 do 12 minut ali dokler termometer s takojšnjim odčitavanjem, vstavljen vodoravno v polpete, ne pokaže 130 °F.)

4. Odstranite zrezke z žara. Zrezke ohlapno pokrijte s folijo; pustite stati 10 minut. Zrezke narežite na ¼-palčne rezine. Postrezite zrezek čez azijsko solato.

Azijska slana: V veliki skledi zmešajte 1 srednje veliko Napa zelje, narezano na tanke rezine; 1 skodelica narezanega rdečega zelja; 2 korenčka, olupljena in narezana na trakove julienne; 1 rdeča ali rumena paprika, brez jedra in zelo tanko narezana; 4 čebulice, narezane na tanke rezine; 1 do 2 čilija serrano, brez semen in nasekljana (glejte <u>napitnina</u>); 2 žlici sesekljanega cilantra; in 2 žlici sesekljane mete. Za preliv v kuhinjskem robotu ali mešalniku zmešajte 3 žlice svežega limetinega soka, 1 žlico naribanega svežega ingverja, 1 strok česna in ⅛ čajne žličke petih začimb v prahu. Pokrijte in obdelajte do gladkega. Med delovanjem procesorja postopoma dodajte ½ skodelice orehovega olja in obdelajte, dokler ni gladka. Prelivu dodajte 1 na tanke rezine narezano kapesanto. Pokapajte čez solato in premešajte na plašč.

V PONVI OCVRTI TRI-TIP ZREZKI S CVETAČNO PEPERONATO

PRIPRAVE:25 minut priprave: 25 minut za: 2 obroka

PEPERONATA JE TRADICIONALNO POČASI PRAŽEN RAGUPAPRIKE S ČEBULO, ČESNOM IN ZELIŠČI. TA HITRO PREPRAŽENA RAZLIČICA – BOLJ PEKOČA S CVETAČO – SLUŽI KOT POSLASTICA IN PRILOGA.

2 zrezka s tremi konicami od 4 do 6 unč, narezana na ¾ do 1 palca debelo
¾ čajne žličke črnega popra
2 žlici ekstra deviškega oljčnega olja
2 rdeči in/ali rumeni papriki, brez jedra in narezani na rezine
1 šalotka, narezana na tanke rezine
1 žlička sredozemske začimbe (glej<u>recept</u>)
2 dl majhnih cvetov cvetače
2 žlici balzamičnega kisa
2 žlički sesekljanega svežega timijana

1. Zrezke osušite s papirnatimi brisačkami. Zrezke potresemo s ¼ čajne žličke črnega popra. V veliki ponvi na srednjem ognju segrejte 1 žlico olja. Dodajte zrezke v ponev; zmanjšajte toploto na srednjo. Pecite zrezke 6 do 9 minut za srednje pečene (145 °F) in jih občasno obrnite. (Če meso prehitro porjavi, zmanjšajte toploto.) Odstranite zrezke iz ponve; ohlapno pokrijte s folijo, da ostane toplo.

2. Za peperonato dodajte preostalo 1 žlico olja v ponev. Dodamo papriko in šalotko. Potresemo z mediteranskimi začimbami. Na srednjem ognju kuhamo približno 5 minut oziroma dokler se paprika ne zmehča, občasno premešamo. Dodajte cvetačo, balzamični kis, timijan in

preostalo ½ žličke črnega popra. Pokrijte in kuhajte 10 do 15 minut ali dokler se cvetača ne zmehča, občasno premešajte. Zrezke vrnemo v ponev. Zmes za peperonato z žlico prelijemo po zrezkih. Postrezite takoj.

PLOŠČATI ZREZKI AU POIVRE Z GOBOVO DIJONSKO OMAKO

PRIPRAVE:15 minut priprave: 20 minut za: 4 porcije

TA FRANCOSKI ZREZEK Z GOBOVO OMAKONA MIZI ŽE V DOBRIH 30 MINUTAH – ZATO JE ODLIČNA IZBIRA ZA HITER VSAKODNEVNI OBROK.

ZREZKI
- 3 žlice ekstra deviškega oljčnega olja
- 1 funt majhnih špargljev, obrezanih
- 4 6-unč ploščati železni zrezki (brez kosti goveje pleče)*
- 2 žlici sesekljanega svežega rožmarina
- 1½ žličke mletega črnega popra

OMAKA
- 8 unč narezanih svežih gob
- 2 stroka česna, sesekljana
- ½ skodelice goveje juhe (glej recept)
- ¼ skodelice suhega belega vina
- 1 žlica dijonske gorčice (glej recept)

1. V veliki ponvi segrejte 1 žlico olja na srednje močnem ognju. Dodamo šparglje; kuhajte 8 do 10 minut ali dokler niso hrustljavi, občasno obračajte nabodala, da se ne zažgejo. Šparglje preložimo na krožnik; pokrijemo s folijo, da ostane toplo.

2. Zrezke potresemo z rožmarinom in poprom; vtrite s prsti. V isti ponvi na zmernem ognju segrejte preostali 2 žlici olja. Dodamo zrezke; zmanjšajte toploto na srednjo. Meso kuhajte 8 do 12 minut za srednje pečeno (145 °F), občasno obrnite. (Če se meso prehitro zapeče, znižajte

temperaturo.) Odstranite meso iz ponve in pustite, da kaplja. Zrezke narahlo pokrijemo s folijo, da ostanejo topli.

3. Za omako dodajte gobe in česen v kaplje v ponev; kuhamo do mehkega in občasno premešamo. Dodajte juho, vino in dijonsko gorčico. Kuhajte na zmernem ognju in postrgajte zapečene koščke na dnu ponve. kuhar; kuhamo še 1 minuto.

4. Šparglje razdelite na štiri krožnike. Vrh z zrezki; žlico omake čez zrezke.

*Opomba: Če ne najdete 6-unčnih ploščatih zrezkov, kupite dva 8- do 12-unčna zrezka in ju prerežite na pol, da dobite štiri zrezke.

PLOŠČATI ZREZKI NA ŽARU S KARAMELIZIRANO ČEBULO IN SALSO SALSO

PRIPRAVE: 30 minut Mariniranje: 2 uri Pečenje: 20 minut Hlajenje: 20 minut Žar: 45 minut Naredi: 4 porcije

FLAT IRON STEAK JE RAZMEROMA NOVCUT JE BIL RAZVIT ŠELE PRED NEKAJ LETI. IZREZLJAN IZ AROMATIČNEGA VPENJALNEGA DELA BLIZU LOPATICE, JE PRESENETLJIVO NEŽEN IN IMA VELIKO DRAŽJI OKUS KOT JE - KAR VERJETNO POJASNJUJE NJEGOVO HITRO RAST PRILJUBLJENOSTI.

ZREZKI
⅓ skodelice svežega limetinega soka
¼ skodelice ekstra deviškega oljčnega olja
¼ skodelice grobo sesekljanega cilantra
5 strokov česna, sesekljanih
4 6-unčni ploščati zrezki (goveje pleče brez kosti).

SALSA SOLATA
1 (angleška) kumara brez pečk (po želji olupljena), narezana na kocke
1 skodelica grozdnih paradižnikov, narezanih na četrtine
½ skodelice narezane rdeče čebule
½ skodelice grobo sesekljanega cilantra
1 poblano čili, brez sredice in narezan na kocke (glejte napitnina)
1 jalapeño, brez sredice in drobno narezan (glej napitnina)
3 žlice svežega limetinega soka
2 žlici ekstra deviškega oljčnega olja

KARAMELIZIRANA ČEBULA
2 žlici ekstra deviškega oljčnega olja
2 veliki sladki čebuli (kot so Maui, Vidalia, Texas Sweet ali Walla Walla)

½ čajne žličke mletega chipotle čilija

1. Za zrezke postavite zrezke v plastično vrečko, ki jo je mogoče ponovno zapreti, v plitvo posodo; dati na stran. V majhni skledi zmešajte limetin sok, olje, koriander in česen; prelijemo po zrezkih v vrečkah. Tesnilna vrečka; obrnite se na plašč. Marinirajte v hladilniku 2 uri.

2. Za solato v veliki skledi zmešajte kumare, paradižnike, čebulo, koriander, poblano in jalapeño. Zvijte, da se združi. Za preliv v majhni skledi zmešajte limetin sok in olivno olje. Prelijte preliv čez zelenjavo; vrzi na plašč. Pokrijte in ohladite do serviranja.

3. Za čebulo segrejte pečico na 400°F. Notranjost nizozemske pečice premažite z malo oljčnega olja; dati na stran. Čebulo po dolžini prerežite na pol, odstranite lupino in narežite na ¼ palca debelo. V nizozemski pečici zmešajte preostalo oljčno olje, čebulo in chipotle čili poper. Pokrijte in pecite 20 minut. Odkrijte in pustite, da se ohladi približno 20 minut.

4. Ohlajeno čebulo položite v vrečko za žar iz folije ali čebulo zavijte v dvojno debelo folijo. Vrh folije na več mestih preluknjamo z nabodalom.

5. Za žar na oglje razporedite srednje vroče oglje po obodu žara. Preizkusite srednjo temperaturo nad sredino žara. Zavojček položite na sredino rešetke žara. Pokrijte in pecite na žaru približno 45 minut ali dokler čebula ni mehka in jantarne barve. (Za plinski žar predhodno segrejte žar. Zmanjšajte toploto na srednjo temperaturo. Prilagodite za indirektno kuhanje. Paket položite nad

gorilnik, ki je izklopljen. Pokrijte in pecite na žaru po navodilih.)

6. Odstranite zrezke iz marinade; zavrzite marinado. Za žar na oglje ali plin postavite zrezke neposredno na rešetko za žar na zmerni ogenj. Pokrijte in pecite na žaru 8 do 10 minut ali dokler termometer s takojšnjim odčitavanjem, vstavljen vodoravno v polpete, ne pokaže 135 °F in ga enkrat obrnite. Zrezke položimo na krožnik, pokrijemo s folijo in pustimo 10 minut.

7. Za serviranje salso razdelite na štiri servirne krožnike. Na vsak krožnik položite zrezek in na vrh položite kupček karamelizirane čebule. Postrezite takoj.

Navodila za pripravo: Salsa solato lahko pripravite in ohladite do 4 ure, preden jo postrežete.

RIBEYES NA ŽARU Z DROBNJAKOM IN ČESNOM "NA MASLU"

PRIPRAVE:10 minut kuhanje: 12 minut hlajenje: 30 minut peka na žaru: 11 minut naredi: 4 porcije

TOPLOTA ZREZKOV TAKOJ Z ŽARA SE STOPIGOMILE KARAMELIZIRANE ČEBULE, ČESNA IN ZELIŠČ, SUSPENDIRANIH V AROMATIČNI MEŠANICI KOKOSOVEGA OLJA IN OLJČNEGA OLJA.

2 žlici nerafiniranega kokosovega olja
1 majhna čebula, prepolovljena in zelo tanko narezana (približno ¾ skodelice)
1 strok česna, zelo tanko narezan
2 žlici ekstra deviškega oljčnega olja
1 žlica sesekljanega svežega peteršilja
2 žlički sesekljanega svežega timijana, rožmarina in/ali origana
4 8- do 10-unčni zrezki rebrasti zrezki, narezani na 1 cm debelo
½ žličke sveže mletega črnega popra

1. V srednje veliki ponvi na majhnem ognju stopite kokosovo olje. Dodajte čebulo; kuhajte 10 do 15 minut ali dokler ni rahlo obarvano, občasno premešajte. Dodajte česen; kuhajte še 2 do 3 minute ali dokler čebula ni zlato rjave barve, občasno premešajte.

2. Čebulno mešanico prenesite v manjšo skledo. Primešamo oljčno olje, peteršilj in timijan. Odkrito hranite v hladilniku 30 minut ali dokler zmes ni dovolj čvrsta, da se lahko drži skupaj, ko jo vlijete, občasno premešajte.

3. Zrezke medtem potresemo s poprom. Za žar na oglje ali plin postavite zrezke neposredno na rešetko za žar na zmerni ogenj. Pokrijte in pecite na žaru 11 do 15 minut za srednje

pečene (145 °F) ali 14 do 18 minut za srednje pečene (160 °F), pri čemer jih na polovici pečenja enkrat obrnite.

4. Za serviranje vsak zrezek položite na servirni krožnik. Čebulno mešanico takoj enakomerno razporedite po polpetih.

RIBEYE SOLATA S PESO NA ŽARU

PRIPRAVE: 20 minut žara: 55 minut stoji: 5 minut naredi: 4 porcije

ZEMELJSKI OKUS RDEČE PESE SE LEPO UJEMAS SLADKOSTJO POMARANČ – IN POPEČENIMI OREHI DAJEJO TEJ GLAVNI SOLATI HRUSTLJAVOST, KI JE KOT NALAŠČ ZA UŽIVANJE ZUNAJ V TOPLI POLETNI NOČI.

1 funt srednje zlate in/ali rdeče pese, olupljene, obrezane in narezane na kolesca
1 majhna čebula, narezana na tanke kolesca
2 vejici svežega timijana
1 žlica ekstra deviškega oljčnega olja
Mlet črni poper
2 zrezka rebula brez kosti po 8 unč, narezana na ¾ palca debelo
2 stroka česna, prepolovljena
2 žlici sredozemske začimbe (glej_recept_)
6 skodelic mešanega zelenja
2 pomaranči, olupljeni, razdeljeni in grobo narezani
½ skodelice sesekljanih pekanov, opečenih (glej_napitnina_)
½ skodelice Bright Citrus Vinaigrette (glejte_recept_)

1. Rdečo peso, čebulo in vejice timijana položite v pekač v foliji. Prelijemo z oljem in premešamo; rahlo potresemo z mletim črnim poprom. Za žar na oglje ali plin postavite ponev na sredino rešetke žara. Pokrijte in pecite na žaru 55 do 60 minut ali dokler se ne zmehča, ko ga prebodete z nožem, občasno premešajte.

2. Medtem obe strani zrezkov natremo z narezanimi stranicami česna; potresemo z mediteranskimi začimbami.

3. Premaknite peso s sredine žara, da naredite prostor za zrezke. Dodajte zrezke na žar neposredno na srednji vročini. Pokrijte in pecite na žaru 11 do 15 minut za srednje pečene (145 °F) ali 14 do 18 minut za srednje pečene (160 °F), pri čemer jih na polovici pečenja enkrat obrnite. Odstranite folijo in zrezke z žara. Zrezke pustimo stati 5 minut. Zavrzite vejice timijana iz pekača iz folije.

4. Zrezek diagonalno tanko narežite na grižljaj velike kose. Zelenjavo razdelite na štiri servirne krožnike. Na vrh položite narezan zrezek, peso, rezine čebule, sesekljane pomaranče in pekan orehe. Pokapljajte po Bright Citrus Vinaigrette.

KRATKA REBRA V KOREJSKEM SLOGU S PREPRAŽENIM INGVERJEVIM ZELJEM

PRIPRAVE: 50 minut Priprava: 25 minut Peka: 10 ur Ohlajanje: čez noč Naredi: 4 porcije

POSKRBITE, DA BO VAŠA NIZOZEMSKA PEČICA POKRITASEDI ZELO TESNO, TAKO DA MED ZELO DOLGIM ČASOM DUŠENJA TEKOČINA ZA KUHANJE NE IZHLAPI SKOZI REŽO MED POKROVOM IN LONCEM.

- 1 unča posušenih gob šitake
- 1½ dl narezane zelene čebule
- 1 azijska hruška, olupljena, stržena in narezana
- 1 3-palčni kos svežega ingverja, olupljen in narezan
- 1 serrano čili paprika, drobno sesekljana (po želji brez semen) (glejte napitnina)
- 5 strokov česna
- 1 žlica rafiniranega kokosovega olja
- 5 funtov govejega mesa s kostmi
- Sveže mleti črni poper
- 4 skodelice goveje juhe (glej recept) ali govejo juho brez dodane soli
- 2 dl narezanih svežih gob šitake
- 1 žlica drobno naribane pomarančne lupinice
- ⅓ skodelice svežega soka
- Posoda za pražen ingver (glej recept, spodaj)
- Drobno naribana pomarančna lupinica (po želji)

1. Pečico segrejte na 325°F. V manjšo skledo dajte posušene gobe šitake; dodajte toliko vrele vode, da pokrije. Pustite približno 30 minut ali dokler ni hidrirana in mehka. Odcedite in prihranite tekočino za namakanje. Gobo drobno sesekljajte. Postavite gobe v majhno skledo; pokrijte in ohladite, dokler ni potrebno v 4. koraku. Gobe in tekočino odstavite.

2. Za omako v sekljalniku zmešajte plehko, azijsko hruško, ingver, serrano, česen in rezervirane gobe. Pokrijte in obdelajte do gladkega. Omako odstavimo.

3. Segrejte kokosovo olje na srednje močnem ognju v 6-litrski nizozemski pečici. Rebra potresemo s sveže mletim črnim poprom. Rebrca v serijah kuhajte na vročem kokosovem olju približno 10 minut oziroma dokler niso lepo porjavela z vseh strani, na polovici pečenja pa jih obrnite. Vrnite vsa rebra v lonec; dodamo omako in juho iz govejih kosti. Nizozemsko pečico pokrijte s tesno prilegajočim pokrovom. Pečemo približno 10 ur oziroma dokler meso ni zelo mehko in začne odpadati od kosti.

4. Rebra previdno poberemo iz omake. V ločene posode položite rebra in omako. Pokrijte in hladite čez noč. Ko se ohladi, odstranite maščobo s površine omake in jo zavrzite. Na močnem ognju omako zavremo; dodajte hidrirane gobe iz 1. koraka in sveže gobe. Rahlo kuhajte 10 minut, da se omaka zmanjša in okusi okrepijo. Vrnite rebra v omako; dušite, dokler se ne segreje. Vmešajte 1 žlico pomarančne lupine in pomarančni sok. Postrezite s sotiranim ingverjem. Po želji potresemo še s pomarančno lupinico.

Skleda s spraženim ingverjem: V veliki ponvi na srednje močnem ognju segrejte 1 žlico rafiniranega kokosovega olja. Dodajte 2 žlici mletega svežega ingverja; 2 stroka česna, sesekljana; in zdrobljeno rdečo papriko po okusu. Kuhajte in mešajte, dokler ne zadiši, približno 30 sekund. Dodajte 6 skodelic naribane nape, savojskega ali ohrovta in 1 olupljeno, na tanke rezine narezano azijsko hruško.

Kuhamo in mešamo 3 minute oziroma toliko časa, da zelje rahlo oveni in se hruška zmehča. Vmešajte ½ skodelice nesladkanega jabolčnega soka. Pokrito kuhamo približno 2 minuti, da se zelje zmehča. Vmešajte ½ skodelice narezane zelene čebule in 1 žlico sezamovih semen.

GOVEJA KRATKA REBRA Z GREMOLATO CITRUSOV IN KOROMAČA

PRIPRAVE:40 minut žara: 8 minut počasnega kuhanja: 9 ur (nizko) ali 4 ure in pol (močno) naredi: 4 porcije

GREMOLATA JE OKUSNA MEŠANICAPETERŠILJ, ČESEN IN LIMONINA LUPINA, POTRESENI NA OSSO BUCCO – KLASIČNO ITALIJANSKO JED IZ DUŠENEGA TELEČJEGA STEGNA – ZA POPESTRITEV NJENEGA BOGATEGA, PIKANTNEGA OKUSA. Z DODATKOM POMARANČNE LUPINE IN SVEŽIH PERNATIH LISTOV KOMARČKA SE ENAKO ZGODI S TEMI MEHKIMI GOVEJIMI REBRCI.

RIB
- 2½ do 3 funte kratka rebra s kostmi
- 3 žlice začimbe z limono in zelišči (glej_recept_)
- 1 srednja čebulica komarčka
- 1 velika čebula, narezana na velike kline
- 2 skodelici goveje juhe (glej_recept_) ali govejo juho brez dodane soli
- 2 stroka česna, prepolovljena

PEČENA BUČA
- 3 žlice ekstra deviškega oljčnega olja
- 1 funt maslene buče, olupljene, stržene in narezane na ½-palčne kose (približno 2 skodelici)
- 4 žličke sesekljanega svežega timijana
- Ekstra deviško olivno olje

GREMOLATA
- ¼ skodelice sesekljanega svežega peteršilja
- 2 žlici drobno sesekljanega česna
- 1½ žličke drobno naribane limonine lupinice
- 1½ žličke drobno naribane pomarančne lupine

1. Kratka rebra potresemo z limonino-zeliščno začimbo; s prsti rahlo vtrite v meso; dati na stran. Odstranite liste iz koromača; namenite za Citrus-Fennel Gremolata. Lučka za trim in četrt koromača.

2. Za žar na oglje razporedite srednje vroče oglje na eno stran žara. Preizkusite srednjo temperaturo nad stranjo žara brez premoga. Postavite kratka rebra na rešetko za žar na stran brez oglja; četrtine koromača in rezine čebule položite na žar neposredno nad premog. Pokrijte in pecite na žaru 8 do 10 minut ali dokler zelenjava in rebra ne porjavijo, pri čemer jih na polovici pečenja enkrat obrnite. (Za plinski žar predhodno segrejte žar, zmanjšajte toploto na srednjo temperaturo. Prilagodite za indirektno kuhanje. Rebra položite na rešetko žara nad ugasnjenim gorilnikom; postavite koromač in čebulo na rešetko nad prižganim gorilnikom. Pokrijte in pecite po navodilih.) Ko dovolj ohlajeno, koromač in čebulo grobo sesekljajte.

3. Zmešajte sesekljan koromač in čebulo, govejo juho in česen v 5- do 6-litrskem počasnem kuhalniku. Dodajte rebra. Pokrijte in kuhajte na nizki temperaturi 9 do 10 ur ali 4½ do 5 ur na visoki temperaturi. Z žlico z režami prenesite rebra na krožnik; pokrijemo s folijo, da ostane toplo.

4. Medtem za bučo segrejte 3 žlice olja v veliki ponvi na srednje močnem ognju. Dodajte bučo in 3 čajne žličke timijana ter premešajte, da prekrijete bučo. Bučo položite v eno plast v ponev in kuhajte brez mešanja približno 3 minute ali dokler ni porjavela na spodnji strani. Kose buče obrnite; kuhajte še približno 3 minute ali dokler druga stran ne porjavi. Zmanjšajte toploto na nizko; pokrijte in

kuhajte 10 do 15 minut ali dokler se ne zmehča. Potresemo s preostalo 1 čajno žličko svežega timijana; pokapajte z ekstra deviškim oljčnim oljem.

5. Za gremolato drobno sesekljajte dovolj listov koromača, da dobite ¼ skodelice. V manjši skledici zmešamo sesekljane liste koromača, peteršilj, česen, limonino in pomarančno lupinico.

6. Gremolato potresemo po rebrcih. Postrezite s squashom.

ZREZKI NA ŠVEDSKI NAČIN S SOLATO IZ GORČICE IN KOPRA

PRIPRAVE:30 minut priprave: 15 minut za: 4 porcije

BEEF À LA LINDSTRÖM JE ŠVEDSKI HAMBURGERKI JE TRADICIONALNO POTRESENA S ČEBULO, KAPRAMI IN VLOŽENO RDEČO PESO, POSTREŽEMO Z OMAKO IN BREZ ŽEMLJE. TA RAZLIČICA, PREPOJENA S PIMENTOM, NADOMEŠČA PEČENO PESO Z VLOŽENO PESO IN KAPRAMI, OBREMENJENO S SOLJO, NA VRHU PA JE OCVRTO JAJCE.

KUMARIČNA SOLATA

- 2 žlički svežega pomarančnega soka
- 2 žlici belega vinskega kisa
- 1 žlička dijonske gorčice (glej<u>recept</u>)
- 1 žlica ekstra deviškega oljčnega olja
- 1 velika (angleška) kumara brez pečk, olupljena in narezana
- 2 žlici narezane zelene čebule
- 1 žlica sesekljanega svežega kopra

GOVEJE POLPETE

- 1 funt mlete govedine
- ¼ skodelice drobno sesekljane čebule
- 1 žlica dijonske gorčice (glej<u>recept</u>)
- ¾ čajne žličke črnega popra
- ½ žličke mletega pimenta
- ½ manjše pese, pečene, olupljene in na drobno narezane*
- 2 žlici ekstra deviškega oljčnega olja
- ½ skodelice goveje juhe (glej<u>recept</u>) ali govejo juho brez dodane soli
- 4 velika jajca
- 1 žlica drobno sesekljanega drobnjaka

1. Za kumarično solato v veliki skledi zmešajte pomarančni sok, kis in dijonsko gorčico. Počasi v tankem curku dodajamo olivno olje in mešamo toliko časa, da se preliv rahlo zgosti. Dodamo kumaro, mlado čebulo in koper; mešajte, dokler se ne združi. Pokrijte in ohladite do serviranja.

2. Za goveje polpete v veliki skledi zmešajte mleto govedino, čebulo, dijonsko gorčico, poper in piment. Dodamo pečeno peso in nežno premešamo, da se enakomerno vgradi v meso. Zmes oblikujte v štiri ½ palca debele polpete.

3. V večji ponvi segrejte 1 žlico oljčnega olja na zmernem ognju. Zrezke cvremo približno 8 minut oziroma toliko časa, da se zunaj obarvajo in zapečejo (160°), pri čemer jih enkrat obrnemo. Zrezke prestavimo na krožnik in ohlapno pokrijemo s folijo, da ostanejo topli. Dodajte govejo juho in mešajte, da postrgate zapečene koščke z dna ponve. Kuhajte približno 4 minute ali dokler se ne zmanjša na polovico. Zrezke pokapajte z zmanjšano količino soka iz ponve in ponovno ohlapno pokrijte.

4. Ponev oplaknite in osušite s papirnato brisačo. Na zmernem ognju segrejte preostalo 1 žlico oljčnega olja. Na vročem olju pražimo jajca 3 do 4 minute oziroma toliko časa, da so beljaki pečeni, rumenjaki pa ostanejo mehki in tekoči.

5. Na vsako govejo polpeto položite jajce. Potresemo z drobnjakom in ponudimo s kumarično solato.

*Namig: če želite speči peso, jo dobro operite in pokrijte s kosom aluminijaste folije. Pokapljamo z malo olivnega olja. Zavijte v folijo in dobro zaprite. Pečemo v pečici pri

375 °F približno 30 minut ali dokler pese zlahka ne prebodemo z vilicami. Naj se ohladi; odstranite kožo. (Reso lahko pečete do 3 dni vnaprej. Olupljeno pečeno peso dobro zavijte in shranite v hladilniku.)

DUŠENI GOVEJI BURGERJI NA RUKOLI S POPEČENO KORENASTO ZELENJAVO

PRIPRAVE:40 minut kuhanja: 35 minut cvrtja: 20 minut naredi: 4 porcije

ELEMENTOV JE VELIKOTEM KREPKIM HAMBURGERJEM – IN POTREBUJEJO MALO ČASA, DA SE SESTAVIJO –, VENDAR JE NEVERJETNA KOMBINACIJA OKUSOV VREDNA TRUDA: MESNI BURGER JE PRELIT S KARAMELIZIRANO ČEBULO IN GOBOVO OMAKO TER POSTREŽEN S SLADKO PEČENO ZELENJAVO IN POPRANO RUKOLO.

5 žlic ekstra deviškega oljčnega olja

2 skodelici narezanih svežih gob, cremini in/ali šitake

3 rumene čebule, na tanke rezine*

2 žlički kuminovih semen

3 korenčke, olupljene in narezane na 1-palčne kose

2 pastinaka, olupljena in narezana na 1-palčne kose

1 želodova buča, razpolovljena, olupljena in narezana na kolesca

Sveže mleti črni poper

2 funta mlete govedine

½ skodelice drobno sesekljane čebule

1 žlica večnamenske začimbne mešanice brez soli

2 skodelici goveje juhe (glej<u>recept</u>) ali govejo juho brez dodane soli

¼ skodelice nesladkanega jabolčnega soka

1 do 2 žlici suhega sherryja ali belega vinskega kisa

1 žlica dijonske gorčice (glej<u>recept</u>)

1 žlica sesekljanih listov svežega timijana

1 žlica sesekljanih listov svežega peteršilja

8 dl listov rukole

1. Pečico segrejte na 425°F. Za omako segrejte 1 žlico oljčnega olja v veliki ponvi na srednjem ognju. Dodajte gobe; kuhamo in mešamo približno 8 minut oziroma toliko časa,

da se lepo obarva in zmehča. Z žlico z režami prenesite gobe na krožnik. Vrnite ponev na gorilnik; zmanjšajte toploto na srednjo. Dodajte preostalo 1 žlico oljčnega olja, narezano čebulo in semena kumine. Pokrijte in kuhajte 20 do 25 minut ali dokler čebula ni zelo mehka in bogato porjavela, občasno premešajte. (Prilagodite toploto, kot je potrebno, da preprečite, da bi se čebula zažgala.)

2. Medtem za pečeno korenasto zelenjavo na velik pekač razporedite korenje, pastinak in bučo. Pokapljamo z 2 žlicama olivnega olja in po okusu potresemo s poprom; premešajte, da prekrijete zelenjavo. Pečemo 20 do 25 minut ali dokler se ne zmehčajo in začnejo rjaveti, na polovici pečenja pa jih enkrat obrnemo. Zelenjavo hranite na toplem, dokler ni pripravljena za serviranje.

3. Za burgerje v veliki skledi zmešajte mleto govedino, drobno sesekljano čebulo in mešanico začimb. Mesno mešanico razdelite na štiri enake dele in oblikujte polpete, debele približno ¾ palca. Preostalo 1 žlico oljčnega olja segrejte v zelo veliki ponvi na srednje močnem ognju. Dodajte burgerje v ponev; kuhajte približno 8 minut ali dokler niso kuhani na obeh straneh in enkrat obrnite. Prenesite burgerje na krožnik.

4. V ponev dodajte karamelizirano čebulo, rezervirane gobe, govejo juho, jabolčni sok, šeri in gorčico v slogu Dijon ter premešajte, da se združi. Postavite hamburgerje nazaj v ponev. Pustimo, da zavre. Kuhajte, dokler burgerji niso pečeni (160 °F), približno 7 do 8 minut. Vmešamo svež timijan, peteršilj in poper po okusu.

5. Za serviranje razporedite 2 skodelici rukole na vsakega od štirih servirnih krožnikov. Pečeno zelenjavo porazdelite po solatah in nato prelijte z burgerji. Čebulno mešanico obilno nanesite na hamburgerje.

*Nasvet: Rezalnik za mandolino je zelo koristen pri tankem rezanju čebule.

GOVEJI BURGERJI NA ŽARU S PARADIŽNIKI V SEZAMOVI SKORJICI

PRIPRAVE: 30 minut stoji: 20 minut žar: 10 minut naredi: 4 porcije

HRUSTLJAVE, ZLATO RJAVE PARADIŽNIKOVE REZINE S SEZAMOVO SKORJICO STOJALO ZA TRADICIONALNO ŽEMLJO S SEZAMOVIMI SEMENI V TEH DIMLJENIH BURGERJIH. POSTREZITE JIH Z NOŽEM IN VILICAMI.

4 ½ palca debele rezine rdečega ali zelenega paradižnika*
1¼ funtov puste mlete govedine
1 žlica dimljene začimbe (glejte recept)
1 veliko jajce
¾ skodelice mandljeve moke
¼ skodelice sezamovih semen
¼ čajne žličke črnega popra
1 manjša rdeča čebula, prepolovljena in narezana
1 žlica ekstra deviškega oljčnega olja
¼ skodelice rafiniranega kokosovega olja
1 majhna glava solate Bibb
Paleo kečap (glej recept)
Dijonska gorčica (glej recept)

1. Rezine paradižnika položite na dvojno plast kuhinjskega papirja. Paradižnike pokrijte z drugo dvojno plastjo papirnatih brisač. Narahlo pritisnite na papirnate brisače, da se prilepijo na paradižnik. Pustite na sobni temperaturi 20 do 30 minut, da se nekaj paradižnikovega soka vpije.

2. Medtem v veliki skledi zmešajte mleto govedino in začimbe za dim. Oblikujte štiri pol palca debele polpete.

3. Jajce rahlo stepemo z vilicami v plitvi skledi. V drugi plitvi skledi zmešajte mandljevo moko, sezamovo seme in poper. Vsako rezino paradižnika pomočimo v jajce in plašč obrnemo. Pustite, da odvečno jajce odteče. Vsako rezino paradižnika pomočite v mešanico mandljeve moke in jo obrnite za premaz. Obložene paradižnike položite na ravno ploščo; dati na stran. Rezine čebule prelijemo z oljčnim oljem; rezine čebule položite v košaro za žar.

4. Za žar na oglje ali plin položite čebulo v košaro in goveje polpete na rešetke žara na srednjem ognju. Pokrijte in pecite na žaru 10 do 12 minut ali pa je čebula zlato rjava in rahlo zoglenela, zrezki pa pečeni (160°), čebulo občasno premešajte in zrezke enkrat obrnite.

5. Medtem segrejte olje na srednjem ognju v veliki ponvi. Dodajte rezine paradižnika; kuhajte 8 do 10 minut ali do zlato rjave barve in enkrat obrnite. (Če paradižnik prehitro porjavi, znižajte temperaturo na srednje nizko. Po potrebi dodajte dodatno olje.) Odcedite na krožniku, obloženem s papirnato brisačo.

6. Za serviranje solato razdelite na štiri servirne krožnike. Na vrh položite polpete, čebulo, paleo kečap, dijonsko gorčico in paradižnik v sezamovi skorjici.

*Opomba: Verjetno boste potrebovali 2 velika paradižnika. Če uporabljate rdeče paradižnike, izberite paradižnike, ki so ravnokar zreli, a še nekoliko čvrsti.

HAMBURGER NA PALČKI Z OMAKO BABA GHANOUSH

MOKRO:15 minut priprave: 20 minut žara: 35 minut naredi: 4 porcije

BABA GHANOUSH JE NAMAZ Z BLIŽNJEGA VZHODA IZ DIMLJENO PEČENEGA JAJČEVČEVEGA PIREJA Z OLJČNIM OLJEM, LIMONO, ČESNOM IN TAHINIJEM, PASTA IZ MLETIH SEZAMOVIH SEMEN. POTRES SEZAMOVIH SEMEN JE V REDU, A KO JIH PRIPRAVIMO V OLJE ALI PASTO, POSTANEJO KONCENTRIRAN VIR LINOLNE KISLINE, KI LAHKO PRISPEVA K VNETJU. TU UPORABLJENO MASLO IZ PINJOL JE DOBER NADOMESTEK.

4 posušeni paradižniki

1½ funta puste mlete govedine

3 do 4 žlice drobno sesekljane čebule

1 žlica drobno sesekljanega svežega origana in/ali drobno sesekljane sveže mete ali ½ žličke posušenega origana, zdrobljenega

¼ čajne žličke kajenskega popra

Omaka za namakanje Baba Ghanoush (glej recept, spodaj)

1. Osem 10-palčnih lesenih nabodal za 30 minut namočite v vodo. Medtem paradižnike v majhni skledi prelijemo z vrelo vodo; pustite 5 minut, da se navlaži. Paradižnike odcedimo in osušimo s papirnatimi brisačkami.

2. V veliki skledi zmešajte sesekljan paradižnik, mleto govedino, čebulo, origano in kajenski poper. Mesno mešanico razdelite na osem delov; vsak del zvaljajte v kroglico. Odstranite nabodala iz vode; posušite. Na nabodalo navijte kroglico in okoli nabodala oblikujte dolg oval, začnite tik pod koničasto konico in pustite dovolj

prostora na drugem koncu, da lahko nabodalo drži. Ponovite s preostalimi nabodali in kroglicami.

3. Za žar na oglje ali plin postavite goveja nabodala na rešetko neposredno na srednji ogenj. Pokrijte in pecite na žaru približno 6 minut ali dokler ni končano (160 °F), pri čemer na polovici pečenja enkrat obrnite. Postrezite z omako za namakanje Baba Ghanoush.

Omaka za namakanje Baba Ghanoush: 2 srednje velika jajčevca prebodite z vilicami na več mestih. Za žar na oglje ali plin postavite jajčevce na rešetko neposredno na srednji ogenj. Pokrijte in pecite na žaru 10 minut ali dokler ne zogleni z vseh strani, med pečenjem večkrat obrnite. Jajčevec odstranimo in previdno zavijemo v folijo. Zavite jajčevce položite nazaj na rešetko žara, vendar ne neposredno na premog. Pokrijte in pecite na žaru še 25 do 35 minut oziroma dokler se ne zrušijo in postanejo zelo mehki. Kul. Jajčevec razpolovimo in iz njega postrgamo meso; dajte meso v kuhinjski robot. Dodajte ¼ skodelice masla iz pinjol (glejte recept); ¼ skodelice svežega limoninega soka; 2 stroka česna, sesekljana; 1 žlica ekstra deviškega oljčnega olja; 2 do 3 žlice sesekljanega svežega peteršilja; in ½ čajne žličke mlete kumine. Pokrijte in obdelajte, dokler ni skoraj gladka. Če je omaka pregosta za namakanje, vmešajte toliko vode, da dosežete želeno gostoto.

DIMLJENE POLNJENE PAPRIKE

PRIPRAVE: 20 minut kuhanja: 8 minut peke: 30 minut naredi: 4 porcije

NAJ BO TO PRILJUBLJENA DRUŽINAZ MEŠANICO BARVNIH PAPRIK ZA PRIVLAČNO JED. PEČEN PARADIŽNIK JE LEP PRIMER, KAKO JEDEM NA ZDRAV NAČIN DODATI DOBER OKUS. ENOSTAVNO DEJANJE, DA PARADIŽNIKE RAHLO POOGLENIŠ PRED KONZERVIRANJEM (BREZ SOLI), IZBOLJŠA NJIHOV OKUS.

4 velike zelene, rdeče, rumene in/ali oranžne paprike

1 funt mlete govedine

1 žlica dimljene začimbe (glejte recept)

1 žlica ekstra deviškega oljčnega olja

1 majhna rumena čebula, sesekljana

3 stroki česna, sesekljani

1 manjša glava cvetače, brez sredice in razdeljena na cvetove

1 15-unčna pločevinka brez dodane soli na kocke narezani pečeni paradižniki, odcejeni

¼ skodelice drobno sesekljanega svežega peteršilja

½ žličke črnega popra

⅛ čajne žličke kajenskega popra

½ skodelice preliva iz orehovih drobtin (glejte recept, spodaj)

1. Pečico segrejte na 375°F. Papriko navpično prerežite na pol. Odstranite stebla, semena in membrano; zavreči. Polovice paprike odstavimo.

2. Postavite mleto govedino v srednjo skledo; potresemo z začimbami. Z rokami nežno vmešajte začimbe v meso.

3. V večji ponvi segrejte olivno olje na zmernem ognju. Dodajte meso, čebulo in česen; kuhajte, dokler meso ne porjavi in čebula ni mehka, mešajte z leseno žlico, da meso razdrobite. Ponev odstavimo z ognja.

4. Cvetače obdelajte v kuhinjskem robotu, dokler niso zelo drobno sesekljani. (Če nimate kuhinjskega robota, cvetačo nastrgajte na strgalo.) Odmerite 3 skodelice cvetače. V ponev dodamo mešanico mletega mesa. (Če ostane kaj cvetače, jo prihranite za drugo uporabo.) Vmešajte odcejene paradižnike, peteršilj, črni poper in kajenski poper.

5. Polpete paprike napolnite z zmesjo mletega mesa, jo narahlo zatlačite in še malo nadaljujte. Nadevane polovičke paprik zložimo v pekač. Pečemo 30 do 35 minut oziroma dokler paprika ni hrustljava.* Prelijemo s prelivom iz orehovih drobtin. Po želji lahko pred serviranjem vrnete v pečico za 5 minut, da dobite hrustljav preliv.

Preliv iz orehovih drobtin: V srednji ponvi na srednje močnem ognju segrejte 1 žlico ekstra deviškega oljčnega olja. Zmešajte 1 čajno žličko posušenega timijana, 1 čajno žličko prekajene paprike in ¼ čajne žličke česna v prahu. Dodajte 1 skodelico zelo drobno sesekljanih orehov. Kuhajte in mešajte približno 5 minut oziroma dokler orehi niso zlato rjavi in rahlo popečeni. Vmešajte kanček ali dva kajenskega popra. Pustite, da se popolnoma ohladi. Ostanke preliva shranite v nepredušni posodi v hladilniku, dokler jih ne uporabite. Naredi 1 skodelico.

*Opomba: Če uporabljate zeleno papriko, pecite še dodatnih 10 minut.

BISON BURGER S CABERNET ČEBULO IN RUKOLO

PRIPRAVE: 30 minut kuhanja: 18 minut peke na žaru: 10 minut naredi: 4 porcije

BIZON IMA ZELO NIZKO VSEBNOST MAŠČOBIN BO KUHANA 30 % DO 50 % HITREJE KOT GOVEDINA. MESO PO KUHANJU OHRANI SVOJO RDEČO BARVO, ZATO BARVA NI POKAZATELJ PEČENOSTI. KER JE BIZON TAKO PUST, GA NE KUHAJTE NAD NOTRANJO TEMPERATURO 155 °F.

2 žlici ekstra deviškega oljčnega olja

2 veliki sladki čebuli, narezani na tanke rezine

¾ skodelice cabernet sauvignona ali drugega suhega rdečega vina

1 žlička sredozemske začimbe (glej recept)

¼ skodelice ekstra deviškega oljčnega olja

¼ skodelice balzamičnega kisa

1 žlica drobno sesekljane šalotke

1 žlica sesekljane sveže bazilike

1 majhen strok česna, drobno sesekljan

1 funt mletega bizona

¼ skodelice bazilikinega pesta (glej recept)

5 skodelic rukole

Surove nesoljene pistacije, pražene (glej napitnina)

1. V veliki ponvi na srednjem ognju segrejte 2 žlici olja. Dodajte čebulo. Pokrito kuhajte 10 do 15 minut oziroma dokler se čebula ne zmehča, občasno premešajte. Razkriti; kuhajte in mešajte na srednje močnem ognju 3 do 5 minut ali dokler čebula ne zlato porumeni. Dodajte vino; kuhamo približno 5 minut oziroma dokler večina vina ne izhlapi. Potresemo z mediteranskimi začimbami; obdrži toplo.

2. Medtem za vinaigrette v kozarcu z navojem zmešajte ¼ skodelice oljčnega olja, kis, šalotko, baziliko in česen. Pokrijte in dobro pretresite.

3. V veliki skledi zmešajte rahlo mlet pesto bizona in bazilike. Mesno mešanico narahlo oblikujte v štiri ¾ palca debele polpete.

4. Za žar na oglje ali plinski žar položite zrezke na rahlo namaščeno rešetko neposredno na srednji ogenj. Pokrijte in pecite na žaru približno 10 minut do želene pečenosti (145 °F za srednje pečeno ali 155 °F za srednje pečeno), na polovici pečenja enkrat obrnite.

5. V veliko skledo dajte rukolo. Prelijte vinaigrette čez rukolo; vrzi na plašč. Za serviranje razdelite čebulo na štiri servirne krožnike; vrh vsakega z bizon burgerjem. Hamburgerje potresemo z rukolo in potresemo s pistacijami.

BIZONOVA IN JAGNJEČJA ŠTRUCA NA BLITVI IN SLADKEM KROMPIRJU

PRIPRAVE: 1 ura kuhanja: 20 minut peke: 1 ura stoji: 10 minut naredi: 4 porcije

TO JE STAROMODNA TOLAŽILNA HRANA S SODOBNIM PRIDIHOM. OMAKA IZ PONVE Z RDEČIM VINOM POPESTRI OKUS MESNE ŠTRUCE, BLITVA IN SLADKI KROMPIR, PRETLAČEN S SMETANO IZ INDIJSKIH OREŠČKOV IN KOKOSOVIM OLJEM, PA NUDITA NEVERJETNO HRANILNO VREDNOST.

2 žlici olivnega olja

1 dl drobno narezanih gob cremini

½ skodelice drobno sesekljane rdeče čebule (1 srednja)

½ skodelice drobno sesekljane zelene (1 steblo)

⅓ skodelice drobno sesekljanega korenja (1 majhen)

½ manjšega jabolka, očiščenega, olupljenega in narezanega

2 stroka česna, sesekljana

½ čajne žličke sredozemske začimbe (glej recept)

1 veliko jajce, rahlo stepeno

1 žlica sesekljanega svežega žajblja

1 žlica sesekljanega svežega timijana

8 unč mletega bizona

8 unč mlete jagnjetine ali govedine

¾ skodelice suhega rdečega vina

1 srednja šalotka, drobno sesekljana

¾ skodelice goveje juhe (glej recept) ali govejo juho brez dodane soli

Pire iz sladkega krompirja (glej recept, spodaj)

Česnova blitva (glej recept, spodaj)

1. Pečico segrejte na 350°F. V večji ponvi segrejte olje na srednjem ognju. Dodamo gobe, čebulo, zeleno in korenček; kuhajte in mešajte približno 5 minut oziroma

dokler se zelenjava ne zmehča. Zmanjšajte toploto na nizko; dodamo nastrgano jabolko in česen. Kuhajte pokrito približno 5 minut ali dokler zelenjava ni zelo mehka. Odstranite z ognja; vmešamo sredozemske začimbe.

2. Z žlico z režami prenesite mešanico gob v veliko skledo, prihranite kapljanje v ponvi. Vmešajte jajca, žajbelj in timijan. Dodamo mleto bizono in mleto jagnjetino; rahlo premešamo. Mešanico mesa spoon v 2-quart pravokoten pekač; oblikujte v pravokotnik velikosti 7×4 palcev. Pečemo približno 1 uro ali dokler termometer s takojšnjim odčitavanjem ne zabeleži 155 ° F. Pustite stati 10 minut. Mesno štruco previdno prestavimo na servirni krožnik. Pokrijte in hranite na toplem.

3. Za omako iz ponve postrgajte kapljice in hrustljavo zapečene koščke iz pekača v rezervirane kapljice v ponvi. Dodamo vino in šalotko. Na srednjem ognju zavremo; kuhamo, dokler se ne zmanjša za polovico. Dodamo govejo juho; kuhamo in mešamo, dokler se ne zmanjša na polovico. Ponev odstavimo z ognja.

4. Za serviranje razdelite pire sladki krompir na štiri servirne krožnike; prelijte z nekaj česnove blitve. Narezana mesna štruca; rezine položite na česnovo blitvo in jih pokapajte po ponvi.

Pire iz sladkega krompirja: Olupite in grobo narežite 4 srednje velike sladke krompirje. Krompir kuhajte v veliki ponvi v dovolj vrele vode, da je pokrit, 15 minut ali dokler se ne zmehča; odtok. Pretlačite s tlačilko za krompir. Dodajte ½ skodelice kreme iz indijskih oreščkov (glejte<u>recept</u>) in 2 žlici nerafiniranega kokosovega olja; pretlačite do gladkega. Obdrži toplo.

Česnova blitva: 2 šopkoma blitve odstranite stebla in jih zavrzite. Liste grobo sesekljajte. V veliki ponvi segrejte 2 žlici olivnega olja na zmernem ognju. Dodajte blitvo in 2 stroka česna, sesekljana; kuhamo, dokler blitva ne oveni, občasno premešamo s kleščami.

JABOLČNO-RIBEZOVA OMAKA BIZONSKE POLPETE Z BUČKAMI PAPPARDELLE

PRIPRAVE: 25 minut peke: 15 minut kuhanja: 18 minut naredi: 4 porcije

MESNE KROGLICE BODO ZELO MOKREKO JIH OBLIKUJEŠ. DA SE VAM MESNA ZMES NE BI PRIJELA NA ROKE, IMEJTE PRI ROKI SKLEDO Z MRZLO VODO IN SI MED DELOM OBČASNO ZMOČITE ROKE. MED PRIPRAVO MESNIH KROGLIC NEKAJKRAT ZAMENJAJTE VODO.

NOISETTE
Olivno olje

½ dl grobo sesekljane rdeče čebule

2 stroka česna, sesekljana

1 jajce, rahlo stepeno

½ skodelice drobno narezanih gob in pecljev

2 žlici sesekljanega svežega italijanskega (ploščati) peteršilja

2 žlici olivnega olja

1 funt mletega bizona (grobo zmlet, če je na voljo)

JABOLČNO-RIBEZOVA OMAKA
2 žlici olivnega olja

2 veliki jabolki Granny Smith, olupljeni, strženi in drobno narezani

2 šalotki, sesekljani

2 žlici svežega limoninega soka

½ skodelice piščančje kostne juhe (glej recept) ali piščančjo juho brez dodane soli

2 do 3 žlice posušenega ribeza

BUČKE PAPPARDELLE
6 bučk

2 žlici olivnega olja

¼ skodelice drobno sesekljane čebulice
½ žličke zdrobljene rdeče paprike
2 stroka česna, sesekljana

1. Za mesne kroglice segrejte pečico na 375 °F. Pekač z robom rahlo premažite z oljčnim oljem; dati na stran. Čebulo in česen zmešajte v kuhinjskem robotu ali mešalniku. Pulzirajte, dokler ni gladko. Mešanico čebule prenesite v srednje veliko skledo. Dodamo jajca, gobe, peteršilj in 2 žlički olja; premešajte, da se združi. Dodajte zemeljske bizone; rahlo, a dobro premešamo. Mesno mešanico razdelite na 16 delov; oblikujemo v mesne kroglice. Mesne kroglice, enakomerno razporejene, položite na pripravljen pekač. Pečemo 15 minut; dati na stran.

2. Za omako segrejte 2 žlici olja v ponvi na srednjem ognju. Dodamo jabolka in šalotko; kuhajte in mešajte 6 do 8 minut ali dokler ni zelo mehka. Vmešajte limonin sok. Mešanico prenesite v kuhinjski robot ali mešalnik. Pokrijte in obdelajte ali mešajte, dokler ni gladka; nazaj v ponev. Primešamo juho iz piščančjih kosti in ribez. kuhar; Zmanjšajte toploto. Odkrito dušite 8 do 10 minut in pogosto mešajte. Dodajte mesne kroglice; kuhamo in mešamo na majhnem ognju, dokler se ne segreje.

3. Medtem za papardele bučkam odrežite konce. Z mandolino ali zelo ostrim lupilcem zelenjave narežite bučke na tanke trakove. (Če želite, da trakovi ostanejo nedotaknjeni, prenehajte z britjem, ko dosežete semena v sredini buče.) V zelo veliki ponvi segrejte 2 žlici olja na zmernem ognju. Vmešajte mlado čebulo, strto rdečo papriko in česen; kuhamo in mešamo 30 sekund. Dodajte trakove iz bučk.

Kuhajte in nežno mešajte približno 3 minute ali samo dokler ne oveni.

4. Za serviranje pappardelle razdelite na štiri servirne krožnike; vrh z mesnimi kroglicami in jabolčno-ribezovo omako.

BISON-PORCINI BOLOGNESE S PEČENIMI ČESNOVIMI ŠPAGETI

PRIPRAVE:30 minut Priprava: 1 ura 30 minut Peka: 35 minut Naredi: 6 obrokov

ČE STE MISLILI, DA STE JEDLIVAŠA ZADNJA JED ŠPAGETOV Z MESNO OMAKO, KO STE SPREJELI PALEO DIET®, POMISLITE ZNOVA. TA BOGATA BOLONJSKA JED Z OKUSOM ČESNA, RDEČEGA VINA IN ZEMELJSKIH JURČKOV JE POLNJENA ČEZ SLADKE, NA ZOB OKUSNE PRAMENE ŠPAGETOV. S TESTENINAMI NE BOSTE NITI MALO POGREŠALI.

1 unča posušenih jurčkov

1 dl vrele vode

3 žlice ekstra deviškega oljčnega olja

1 funt mletega bizona

1 skodelica drobno sesekljanega korenja (2)

½ skodelice sesekljane čebule (1 srednja)

½ skodelice drobno sesekljane zelene (1 steblo)

4 stroki česna, sesekljani

3 žlice paradižnikove mezge brez soli

½ skodelice rdečega vina

2 15-unčni pločevinki nesoljenih zdrobljenih paradižnikov

1 čajna žlička zdrobljenega posušenega origana

1 čajna žlička zdrobljenega posušenega timijana

½ žličke črnega popra

1 srednja buča špageti (2½ do 3 funte)

1 čebula česen

1. V majhni skledi zmešajte jurčke in vrelo vodo; pustimo stati 15 minut. Precedite skozi cedilo, obloženo z gazo iz 100 % bombaža, in prihranite tekočino za namakanje. Sesekljajte gobe; nastavite stran.

2. Segrejte 1 žlico oljčnega olja na srednje močnem ognju v 4- do 5-litrski nizozemski pečici. Dodamo mlete bizone, korenje, čebulo, zeleno in česen. Kuhajte, dokler meso ne porjavi in zelenjava ni mehka, mešajte z leseno kuhalnico, da meso razdrobite. Dodajte paradižnikovo mezgo; kuhamo in mešamo 1 minuto. Dodajte rdeče vino; kuhamo in mešamo 1 minuto. Primešamo jurčke, paradižnik, origano, timijan in poper. Dodajte rezervirano tekočino iz gob, pri čemer pazite, da ne dodate peska ali peska, ki bi lahko bil na dnu posode. Zavremo, občasno premešamo; zmanjšajte toploto na nizko. Pokrito dušite 1½ do 2 uri oziroma do želene gostote.

3. Medtem segrejte pečico na 375°F. Bučo prepolovite po dolžini; izpraskati semena. Bučne polovice s prerezano stranjo navzdol položimo v velik pekač. Z vilicami prebodite kožo. Odrežite zgornji del glave česna za ½ palca. V pekač k bučam damo narezan česen. Pokapljajte s preostalo 1 žlico oljčnega olja. Pečemo 35 do 45 minut oziroma dokler se buča in česen ne zmehčata.

4. Z žlico in vilicami odstranite in razrežite bučno meso iz vsake polovice buče; prenesite v skledo in pokrijte, da ostane toplo. Ko je česen dovolj hladen, da ga lahko obvladate, stisnite čebulo od spodaj, da izskočijo stroki. Z vilicami pretlačimo stroke česna. V bučo vmešamo pretlačen česen, česen enakomerno porazdelimo. Za serviranje z žlico prelijte omako čez mešanico bučk.

BISON CHILI CON CARNE

PRIPRAVE:25 minut Kuhanje: 1 ura 10 minut Naredi: 4 porcije

NESLADKANA ČOKOLADA, KAVA IN CIMETDODAJTE ZANIMANJE ZA TO SRČNO PRILJUBLJENO. ČE ŽELITE ŠE BOLJ DIMLJEN OKUS, ZAMENJAJTE NAVADNO PAPRIKO Z 1 ŽLICO SLADKE DIMLJENE PAPRIKE.

3 žlice ekstra deviškega oljčnega olja

1 funt mletega bizona

½ skodelice sesekljane čebule (1 srednja)

2 stroka česna, sesekljana

2 14,5-unčni pločevinki narezanih paradižnikov brez dodane soli, neodcejeni

16-unčna pločevinka paradižnikove paste brez soli

1 skodelica goveje juhe (glej_recept_) ali govejo juho brez dodane soli

½ skodelice močne kave

2 unči 99% kakavovih zrn, sesekljanih

1 žlica paprike

1 čajna žlička mlete kumine

1 žlička posušenega origana

1½ žličke dimljene začimbe (glejte_recept_)

½ žličke mletega cimeta

⅓ skodelice pepita

1 žlička olivnega olja

½ skodelice kreme iz indijskih oreščkov (glejte_recept_)

1 čajna žlička svežega limetinega soka

½ skodelice svežih listov cilantra

4 rezine limete

1. V nizozemski pečici segrejte 3 žlice oljčnega olja na srednjem ognju. Dodajte mlete bizone, čebulo in česen; kuhajte približno 5 minut ali dokler meso ne porjavi, mešajte z leseno žlico, da meso razdrobite. Zmešajte

neodcejene paradižnike, paradižnikovo mezgo, govejo juho, kavo, pecilno čokolado, papriko, kumino, origano, 1 žličko dimljene začimbe in cimet. kuhar; Zmanjšajte toploto. Pokrito dušimo 1 uro in občasno premešamo.

2. Medtem v majhni ponvi na zmernem ognju na 1 žlički oljčnega olja prepražite pepitas, dokler ne začnejo pokati in postanejo zlate. Postavite pepitas v majhno skledo; dodajte preostalo ½ čajne žličke Smoky Seasoning; vrzi na plašč.

3. V majhni skledi zmešajte kremo iz indijskih oreščkov in limetin sok.

4. Za serviranje nalijte čili v sklede. Vrhnje porcije s kremo iz indijskih oreščkov, pepita in koriandrom. Postrezite z rezinami limete.

MAROŠKO ZAČINJENI BIZONOVI ZREZKI Z LIMONAMI NA ŽARU

PRIPRAVE:10 minut peke na žaru: 10 minut naredi: 4 porcije

POSTREZITE TE HITRO PEČENE ZREZKES HLADNO IN HRUSTLJAVO ZAČINJENO KORENČKOVO SOLATO (GL<u>RECEPT</u>). ČE ŽELITE POSLASTICO, ANANAS NA ŽARU S KOKOSOVO SMETANO (GLEJ<u>RECEPT</u>) BI BIL DOBER NAČIN ZA ZAKLJUČEK OBROKA.

2 žlici mletega cimeta

2 žlici paprike

1 žlica česna v prahu

¼ čajne žličke kajenskega popra

4 6-unčni zrezki bisonovega fileja mignon, narezani na ¾ do 1 palca debelo

2 limoni, vodoravno prepolovljeni

1. V majhni posodi zmešajte cimet, papriko, česen v prahu in kajenski poper. Zrezke osušite s papirnatimi brisačkami. Z začimbno mešanico natrite zrezke na obeh straneh.

2. Za žar na oglje ali plin položite zrezke neposredno na rešetko za žar na srednji ogenj. Pokrijte in pecite na žaru 10 do 12 minut za srednje pečene (145°F) ali 12 do 15 minut za srednje pečene (155°F), pri čemer jih na polovici pečenja enkrat obrnite. Medtem položite polovice limon s prerezano stranjo navzdol na rešetko za žar. Pecite na žaru 2 do 3 minute ali dokler rahlo ne zoglene in postane sočno.

3. Postrezite s polovičkami limon na žaru, ki jih potegnete čez zrezke.

BIZONOV ZREZEK IZ PROVANSALSKIH ZELIŠČ

PRIPRAVE: 15 minut kuhanje: 15 minut praženje: 1 ura 15 minut mirovanje: 15 minut
naredi: 4 porcije

HERBES DE PROVENCE JE MESANICA POSUSENIH ZELISC, KI RASTEJO V IZOBILJU NA JUGU FRANCIJE. MESANICA OBICAJNO VSEBUJE KOMBINACIJO BAZILIKE, SEMEN KOMARCKA, SIVKE, MAJARONA, ROZMARINA, ZAJBLJA, POLETNEGA SETRAJA IN TIMIJANA. ČUDOVITO ZACINI TO ZELO AMERISKO PECENKO.

1 3-kilogramski zrezek bizona

3 žlice provansalskih zelišč

4 žlice ekstra deviškega oljčnega olja

3 stroki česna, sesekljani

4 majhne pastinake, olupljene in narezane

2 zreli hruški, olupljeni in narezani

½ skodelice nesladkanega hruškovega nektarja

1 do 2 žlički svežega timijana

1. Pečico segrejte na 375°F. Od pečenke odrežemo maščobo. V majhni skledi zmešajte provansalska zelišča, 2 žlici oljčnega olja in česen; natrite po pečenki.

2. Zrezek položite na rešetko v plitvi pekač. V sredino pečenke vstavite termometer za pečico.* Odkrito pecite 15 minut. Zmanjšajte temperaturo pečice na 300 °F. Pečemo še 60 do 65 minut ali dokler termometer za meso ne zabeleži 140 °F (srednje pečeno). Pokrijemo s folijo in pustimo stati 15 minut.

3. Medtem v večji ponvi na zmernem ognju segrejte preostali 2 žlici oljčnega olja. Dodamo pastinak in hruške; kuhajte 10 minut ali dokler pastinak ne postane hrustljav, občasno premešajte. Dodajte hruškov nektar; kuhamo približno 5 minut oziroma dokler se omaka nekoliko ne zgosti. Potresemo po timijanu.

4. Zrezek narežite na tanke rezine čez vlakna. Meso postrezite s pastinakom in hruškami.

*Nasvet: Bizon je zelo pust in se skuha hitreje kot govedina. Poleg tega je barva mesa bolj rdeča od govejega, zato se ne morete zanesti na vizualni znak, da bi določili pečenost. Potrebujete termometer za meso, da boste vedeli, kdaj je meso pečeno. Termometer za pečico je idealen, ni pa nujen.

KAVNO DUŠENA BIZONOVA KRATKA REBRA Z GREMOLATO MANDARINE IN MEZGO IZ KORENINE ZELENE

PRIPRAVE: 15 minut Priprava: 2 uri 45 minut Naredi: 6 obrokov

KRATKA REBRA BIZONA SO VELIKA IN MESNATA. POTREBUJEJO DOBRO DOLGO VRENJE V TEKOČINI, DA POSTANEJO MEHKI. GREMOLATA Z MANDARININO LUPINO POPESTRI OKUS TE MOČNE JEDI.

MARINADA

2 skodelici vode

3 skodelice močne kave, ohlajene

2 skodelici svežega soka mandarin

2 žlici sesekljanega svežega rožmarina

1 čajna žlička grobo mletega črnega popra

4 funtov kratka rebra bizona, prerezana med rebri, da se ločijo

DUŠIMO

2 žlici olivnega olja

1 žlička črnega popra

2 dl sesekljane čebule

½ dl sesekljane šalotke

6 strokov česna, sesekljanih

1 jalapeño čili, olupljen in narezan (glej napitnina)

1 skodelica močne kave

1 skodelica goveje juhe (glej recept) ali govejo juho brez dodane soli

¼ skodelice paleo kečapa (glejte recept)

2 žlici dijonske gorčice (glej recept)

3 žlice jabolčnega kisa

Mezga korenine zelene (glej recept, spodaj)

Tangerine Gremolata (glej recept, prav)

1. Za marinado zmešajte vodo, ohlajeno kavo, sok mandarin, rožmarin in črni poper v veliki nereaktivni posodi (stekleni ali iz nerjavečega jekla). Dodajte rebra. Po potrebi na rebra položite krožnik, da ostanejo potopljena. Pokrijte in hranite v hladilniku 4 do 6 ur, enkrat prerazporedite in premešajte.

2. Za dušenje segrejte pečico na 325 °F. Rebra odcedimo, marinado pa zavržemo. Zarebrnice osušite s papirnatimi brisačkami. V veliki nizozemski pečici segrejte oljčno olje na srednje močnem ognju. Zarebrnice začinimo s črnim poprom. Rebra v serijah pražite, dokler ne porjavijo z vseh strani, približno 5 minut na serijo. Prenesite na velik krožnik.

3. V lonec dodajte čebulo, šalotko, česen in jalapeño. Zmanjšajte toploto na srednje, pokrijte in kuhajte, dokler se zelenjava ne zmehča, občasno premešajte približno 10 minut. Dodajte kavo in juho; premešajte in postrgajte porjavele koščke. Dodajte paleo kečap, dijonsko gorčico in kis. Kuhaj. Dodajte rebra. Pokrijte in prenesite v pečico. Kuhajte, dokler se meso ne zmehča, približno 2 uri in 15 minut, nežno mešajte in enkrat ali dvakrat prerazporedite rebra.

4. Prenesite rebra na krožnik; šotor s folijo za ogrevanje. Z žlico odstranite maščobo s površine omake. Omako kuhajte, dokler se ne zmanjša na 2 skodelici, približno 5 minut. Razdelite gomolj zelene med 6 krožnikov; vrh z rebrci in omako. Potresemo čez mandarino gremolato.

Mešanica iz korenine zelene: V veliki ponvi zmešajte 3 funte korenine zelene, olupljene in narezane na 1-palčne kose, ter 4 skodelice juhe iz piščančjih kosti (glejte recept) ali nesoljene piščančje juhe. kuhar; Zmanjšajte toploto. Korenino zelene odcedite, juho pa prihranite. Korenino zelene vrnite v ponev. Dodajte 1 žlico oljčnega olja in 2 žlički sesekljanega svežega timijana. Z mečkalnikom krompirja pretlačite zeleno in dodajte nekaj žlic naenkrat prihranjeno juho, kolikor je potrebno, da dosežete želeno gostoto.

Tangerine Gremolata: V majhni skledi zmešajte ½ skodelice sesekljanega svežega peteršilja, 2 žlici drobno nastrgane lupine mandarine in 2 mleta stroka česna.

JUHA IZ GOVEJIH KOSTI

PRIPRAVE:25 minut Praženje: 1 ura Kuhanje: 8 ur Naredi: 8 do 10 skodelic

KOŠČENI VOLOVSKI REPI NAREDIJO IZJEMNO BOGATO JUHO KI GA LAHKO UPORABITE V KATEREM KOLI RECEPTU, KI ZAHTEVA GOVEJO JUHO - ALI PREPROSTO UŽIVATE KOT POKUŠINO V SKODELICI KADAR KOLI V DNEVU. ČEPRAV SO DEJANSKO IZVIRALI IZ VOLA, VOLOVSKI REPI ZDAJ IZVIRAJO IZ MESNE ŽIVALI.

5 korenčkov, grobo sesekljanih

5 stebel zelene, grobo sesekljane

2 rumeni čebuli, neolupljeni, prepolovljeni

8 unč belih gob

1 čebula česen, neolupljen, prepolovljen

2 funta kosti volovskega repa ali goveje kosti

2 paradižnika

12 dl hladne vode

3 lovorjev listi

1. Pečico segrejte na 400°F. Razporedite korenje, zeleno, čebulo, gobe in česen v velik obrobljen pekač ali plitek pekač; na zelenjavo položite kosti. Paradižnike zmešajte v kuhinjskem robotu, dokler niso gladki. Po kosteh razporedimo paradižnike, da jih pokrijemo (nič hudega, če nekaj pireja kaplja na ponev in zelenjavo). Pečemo 1 do 1½ ure ali dokler kosti ne porjavijo in zelenjava karamelizira. Kosti in zelenjavo prenesite v 10- do 12-litrsko nizozemsko pečico ali lonec. (Če nekaj paradižnikove mešanice karamelizira na dnu ponve, dodajte 1 skodelico vroče vode v ponev in postrgajte morebitne koščke. Tekočino prelijte čez kosti in zelenjavo

ter zmanjšajte količino vode za 1 skodelico.) Dodajte hladno. vode in lovorovih listov.

2. Mešanico segrejte do počasnega vretja na srednji do visoki temperaturi. Zmanjšajte toploto; pokrijte in juho med občasnim mešanjem kuhajte 8 do 10 ur.

3. Precedite juho; zavrzite kosti in zelenjavo. Hladna juha; prenesite juho v posodo za shranjevanje in hranite v hladilniku do 5 dni; zamrzne do 3 mesece.*

Navodila za počasno kuhanje: Za 6- do 8-litrski počasni kuhalnik uporabite 1 funt goveje kosti, 3 korenčke, 3 stebla zelene, 1 rumeno čebulo in 1 strok česna. Pasirajte 1 paradižnik in ga vtrite v noge. Pečemo po navodilih, nato pa kosti in zelenjavo prestavimo v počasen kuhalnik. Postrgajte morebitne karamelizirane paradižnike po navodilih in jih dodajte v počasen kuhalnik. Dodajte toliko vode, da pokrije. Pokrijte in kuhajte na močnem ognju, dokler juha ne zavre, približno 4 ure. Zmanjšajte temperaturo na nizko; kuhamo 12 do 24 ur. Precedite juho; zavrzite kosti in zelenjavo. Shranjujte po navodilih.

*Nasvet: Če želite juho enostavno posneti, juho čez noč shranite v pokriti posodi v hladilniku. Maščoba se bo dvignila na vrh in oblikovala trdno plast, ki jo je mogoče enostavno strgati. Po ohlajanju se lahko juha zgosti.

TUNIZIJSKA SVINJSKA PLEČA Z ZAČIMBAMI IN PIKANTNIM SLADKIM KROMPIRJEVIM KROMPIRČKOM

PRIPRAVE: 25 minut praženja: 4 ure pečenja: 30 minut naredi: 4 porcije

TO JE ODLIČNA JED ZA PRIPRAVOHLADEN JESENSKI DAN. MESO SE VEČ UR PEČE V PEČICI, TAKO DA VAŠA HIŠA ČUDOVITO DIŠI IN IMATE ČAS ZA DRUGE STVARI. PEČEN SLADKI KROMPIRČEK NE HRUSTLJA TAKO KOT BELI KROMPIR, JE PA OKUSEN NA SVOJ NAČIN, ŠE POSEBEJ, ČE GA POMOČIMO V ČESNOVO MAJONEZO.

SVINJINA

- 1 2½- do 3-kilogramska pečenka iz svinjskih nog
- 2 žlički mletega ancho čilija
- 2 žlički mlete kumine
- 1 čajna žlička semen kumine, rahlo zdrobljenih
- 1 čajna žlička mletega koriandra
- ½ žličke mlete kurkume
- ¼ čajne žličke mletega cimeta
- 3 žlice oljčnega olja

POMFRI

- 4 srednje veliki sladki krompirji (približno 2 funta), olupljeni in narezani na ½ palca debele rezine
- ½ žličke zdrobljene rdeče paprike
- ½ čajne žličke čebule v prahu
- ½ žličke česna v prahu
- Olivno olje
- 1 čebula, narezana na tanke rezine
- Paleo Aïoli (česen majoneze) (glej recept)

1. Pečico segrejte na 300°F. Odrežite maščobo z mesa. V majhni skledi zmešajte mlet ancho čili poper, mleto kumino, kumino, koriander, kurkumo in cimet. Meso potresemo z mešanico začimb; S prsti enakomerno vtrite v meso.

2. Segrejte 1 žlico oljčnega olja na srednje močnem ognju v nizozemski pečici, odporni na 5 do 6 litrov. Svinjino z vseh strani prepražimo na vročem olju. Pokrijte in pecite približno 4 ure ali dokler meso ni zelo mehko in termometer za meso ne pokaže 190 °F. Odstranite nizozemsko pečico iz pečice. Pustite stati pokrito, medtem ko pripravljate krompirček in čebulo, pri čemer pustite 1 žlico maščobe v nizozemski pečici.

3. Zvišajte temperaturo pečice na 400 °F. Za pomfri iz sladkega krompirja v veliki skledi zmešajte sladki krompir, preostali 2 žlici oljčnega olja, zdrobljeno rdečo papriko, čebulo v prahu in česen v prahu; vrzi na plašč. Obložite velik ali dva majhna pekača s folijo; premažite z dodatnim oljčnim oljem. Sladki krompir v eni plasti razporedite po pripravljenih pekačih. Pečemo približno 30 minut ali dokler se ne zmehča, pri čemer sladki krompir enkrat na polovici pečenja obrnemo.

4. Medtem vzemite meso iz nizozemske pečice; pokrijemo s folijo, da ostane toplo. Odcedite kaplje in prihranite 1 žlico maščobe. Prihranjeno maščobo vrnite v nizozemsko pečico. Dodajte čebulo; kuhajte na zmernem ognju približno 5 minut ali dokler se le ne zmehča, občasno premešajte.

5. Prenesite svinjino in čebulo v servirno posodo. Z dvema vilicama raztegnite svinjino na velike trakove. Postrezite svinjino in krompirček s Paleo Aïoli.

KUBANSKO SVINJSKO PLEČE NA ŽARU

PRIPRAVE:15 minut Mariniranje: 24 ur Pečenje na žaru: 2 uri 30 minut Stojenje: 10 minut Naredi: 6 do 8 porcij

V DRŽAVI IZVORA ZNAN KOT "LECHON ASADO",TA SVINJSKA PEČENKA JE MARINIRANA V KOMBINACIJI SVEŽIH SOKOV CITRUSOV, ZAČIMB, ZDROBLJENE RDEČE PAPRIKE IN CELEGA STROKA MLETEGA ČESNA. KUHANJE NA VROČEM OGLJU PO NOČI V MARINADI JI DAJE FANTASTIČEN OKUS.

1 strok česna, ločen, olupljen in sesekljan

1 dl drobno sesekljane čebule

1 skodelica olivnega olja

1⅓ skodelice svežega limetinega soka

⅔ skodelice svežega pomarančnega soka

1 žlica mlete kumine

1 žlica posušenega origana, zdrobljenega

2 žlički sveže mletega črnega popra

1 žlička zdrobljene rdeče paprike

1 4- do 5-kilogramska svinjska pečenka brez kosti

1. Za marinado razdelite glavo česna na stroke. Olupite in drobno sesekljajte nageljnove žbice; postavite v veliko skledo. Dodamo čebulo, oljčno olje, limetin sok, pomarančni sok, kumino, origano, črni poper in zdrobljeno rdečo papriko. Dobro premešamo in odstavimo.

2. Z nožem za izkoščanje globoko ocvrto svinjino preluknjajte po celem delu. Zrezek previdno spustimo v marinado in ga čim bolj potopimo v tekočino. Posodo tesno pokrijte s plastično folijo. Marinirajte v hladilniku 24 ur in enkrat obrnite.

3. Odstranite svinjino iz marinade. Marinado vlijemo v srednje veliko ponev. kuhar; vreti 5 minut. Odstranite z ognja in pustite, da se ohladi. Dati na stran.

4. Za žar na oglje razporedite srednje vroče oglje okoli zbiralnika. Testirajte na srednjem ognju nad posodo. Meso položite na rešetko nad posodo za odcejanje. Pokrijte in pecite na žaru 2½ do 3 ure ali dokler termometer s takojšnjim odčitavanjem, vstavljen v sredino pečenke, ne zabeleži 140 °F. (Za plinski žar predhodno segrejte žar. Zmanjšajte toploto na srednjo temperaturo. Prilagodite za indirektno kuhanje. Meso položite na rešetko za žar nad ugasnjenim gorilnikom. Pokrijte in pecite po navodilih.) Odstranite meso z žara. Ohlapno pokrijte s folijo in pustite 10 minut pred rezanjem ali vlečenjem.

ITALIJANSKA ZAČIMBA NARIBANA SVINJSKA PEČENKA Z ZELENJAVO

PRIPRAVE: 20 minut praženja: 2 uri 25 minut stoje: 10 minut naredi: 8 obrokov

"SVEŽE JE NAJBOLJŠE" JE DOBRA MANTRASLEDITI, KO GRE ZA KUHANJE VEČINO ČASA. TODA POSUŠENA ZELIŠČA SE ZELO DOBRO OBNESEJO PRI NAMAZIH ZA MESO. KO SO ZELIŠČA POSUŠENA, SO NJIHOVI OKUSI KONCENTRIRANI. KO PRIDEJO V STIK Z VLAGO IZ MESA, VANJ SPROSTIJO SVOJE AROME, KOT PRI TEJ ITALIJANSKI PEČENKI, AROMATIZIRANI S PETERŠILJEM, KOROMAČEM, ORIGANOM, ČESNOM IN PIKANTNO MLETO RDEČO PAPRIKO.

2 žlici posušenega peteršilja, zdrobljenega
2 žlici zdrobljenih semen komarčka
4 žličke zdrobljenega posušenega origana
1 čajna žlička sveže mletega črnega popra
½ žličke zdrobljene rdeče paprike
4 stroki česna, sesekljani
1 4-kilogramska svinjska pečenka s kostmi
1 do 2 žlici oljčnega olja
1¼ skodelice vode
2 srednji čebuli, olupljeni in narezani na kolesca
1 velika čebulica koromača, očiščena, očiščena in narezana na kolesca
2 funta brstičnega ohrovta

1. Pečico segrejte na 325°F. V majhni skledi zmešajte peteršilj, semena komarčka, origano, črni poper, zdrobljeno rdečo papriko in česen; dati na stran. Po potrebi zavežite svinjsko pečenko. Odrežite maščobo z mesa. Z začimbno mešanico natrite meso z vseh strani. Po želji zrezek še enkrat zavežite, da se drži skupaj.

2. V nizozemski pečici segrejte olje na srednje močnem ognju. Na segretem olju popečemo meso z vseh strani. Odlijte maščobo. Okoli pečenke polijte vodo iz nizozemske pečice. Pečemo brez pokrova 1 uro in pol. Čebulo in koromač razporedite okoli svinjske pečenke. Pokrijemo in pražimo še 30 minut.

3. Medtem obrežite brstični ohrovt in odstranite vse ovenele zunanje liste. Brstični ohrovt prerežemo na pol. Postavite brstični ohrovt v nizozemsko pečico in ga razporedite po drugi zelenjavi. Pokrijte in pecite še 30 do 35 minut oziroma dokler se zelenjava in meso ne zmehčata. Meso položimo na servirni krožnik in pokrijemo s folijo. Pred rezanjem pustite 15 minut. Prelijte zelenjavo s sokom iz ponve. Z žlico z režami odstranite zelenjavo na servirni krožnik ali skledo; pokrijte, da ostane toplo.

4. Z veliko žlico posnamete maščobo iz sokov iz ponve. Preostanek soka iz ponve prelijemo skozi cedilo. Svinjino narežite, odstranite kost. Meso postrezite z zelenjavo in sokom iz ponve.

SVINJSKI MOL V POČASNEM KUHALNIKU

PRIPRAVE: 20 minut počasnega kuhanja: 8 do 10 ur (nizko) ali 4 do 5 ur (visoko) naredi: 8 obrokov

S KUMINO, KORIANDROM, ORIGANOM, PARADIŽNIKOM, MANDLJI, ROZINAMI, ČILIJEM IN ČOKOLADO, TA BOGATA IN PIKANTNA OMAKA IMA VELIKO DOGAJANJA – NA ZELO DOBER NAČIN. TO JE IDEALEN OBROK ZA ZAČETEK JUTRA, PREDEN SE ODPRAVITE NA DAN. KO PRIDETE DOMOV, JE VEČERJA ŽE SKORAJ PRIPRAVLJENA – VAŠA HIŠA PA ČUDOVITO DIŠI.

- 1 3-kilogramska svinjska pečenka brez kosti
- 1 dl drobno sesekljane čebule
- 3 stroki česna, narezani
- 1½ skodelice goveje juhe (glej recept), piščančja kostna juha (glej recept), ali govejo ali piščančjo juho brez dodane soli
- 1 žlica mlete kumine
- 1 žlica mletega koriandra
- 2 žlički posušenega origana, zdrobljenega
- 1 15-unčna pločevinka, narezana na kocke, brez dodane soli, odcejena
- 16-unčna pločevinka nesoljene paradižnikove paste
- ½ skodelice narezanih mandljev, popečenih (glej napitnina)
- ¼ skodelice nezrelih zlatih rozin ali ribeza
- 2 unči nesladkane čokolade (kot je Scharffen Berger 99% kakavova ploščica), grobo narezane
- 1 posušen cel ancho ali chipotle čili poper
- 2 4-palčne cimetove palčke
- ¼ skodelice sesekljanega svežega cilantra
- 1 avokado, olupljen, razrezan in narezan na tanke rezine
- 1 limeta, narezana na kolesca
- ⅓ skodelice praženih nesoljenih zelenih bučnih semen (neobvezno) (glejte napitnina)

1. Odrežite maščobo s svinjske pečenke. Po potrebi meso narežite tako, da ustreza 5- do 6-litrskemu počasnemu kuhalniku; dati na stran.

2. V počasnem kuhalniku zmešajte čebulo in česen. V stekleni merilni skodelici z 2 skodelicami zmešajte govejo juho, kumino, koriander in origano; vlijemo v štedilnik. Primešamo narezan paradižnik, paradižnikovo mezgo, mandlje, rozine, čokolado, posušen čili in cimetove palčke. Meso položimo v kuhalnik. Po vrhu prelijte nekaj paradižnikove mešanice. Pokrijte in kuhajte pri nizki temperaturi 8 do 10 ur ali pri visoki temperaturi 4 do 5 ur ali dokler se svinjina ne zmehča.

3. Prenesite svinjino na desko za rezanje; nekoliko ohladimo. Z dvema vilicama meso razvlečemo na trakove. Meso pokrijemo s folijo in odstavimo.

4. Odstranite in zavrzite posušen čili poper in cimetove palčke. Z veliko žlico posnamemo maščobo iz paradižnikove mešanice. Paradižnikovo mešanico prenesite v mešalnik ali predelovalec hrane. Pokrijte in mešajte ali obdelajte, dokler ni skoraj gladka. Narezano svinjino in omako dajte nazaj v počasen kuhalnik. Pustite na toplem na majhnem ognju do serviranja, do 2 uri.

5. Tik pred serviranjem vmešajte koriander. Mole postrezite v skledicah in okrasite z rezinami avokada, krhlji limete in po želji z bučnimi semeni.

S KUMINO ZAČINJENA SVINJSKA IN BUČNA ENOLONČNICA

PRIPRAVE: 30 minut priprave: 1 ura naredi: 4 porcije

POPRANO GORČIČNO ZELENJE IN MASLENA BUČATEJ ENOLONČNICI, ZAČINJENI Z VZHODNOEVROPSKIMI OKUSI, DODAJTE ŽIVAHNO BARVO IN CELO VRSTO VITAMINOV – PA TUDI VLAKNIN IN FOLNE KISLINE.

1 1¼- do 1½-kilogramska svinjska pečenka iz pleček
1 žlica paprike
1 žlica kuminovih semen, drobno zdrobljenih
2 žlički suhe gorčice
¼ čajne žličke kajenskega popra
2 žlici rafiniranega kokosovega olja
8 unč svežih gob, narezanih na tanke rezine
2 stebli zelene, prečno narezani na 1-palčne rezine
1 majhna rdeča čebula, narezana na tanke kolesca
6 strokov česna, sesekljanih
5 skodelic piščančje kostne juhe (glej recept) ali piščančjo juho brez dodane soli
2 skodelici na kocke narezane olupljene buče
3 skodelice grobo sesekljanega, narezanega gorčičnega zelenja ali ohrovta
2 žlici sesekljanega svežega žajblja
¼ skodelice svežega limoninega soka

1. Odrežite maščobo s svinjine. Svinjino narežite na 1½-palčne kocke; postavite v veliko skledo. V majhni skledi zmešajte papriko, kumino, suho gorčico in kajenski poper. Potresemo po svinjini in premešamo, da se enakomerno prekrije.

2. Segrejte kokosovo olje na srednje močnem ognju v 4- do 5-litrski nizozemski pečici. Dodajte polovico mesa; kuhamo,

dokler ne porjavi, občasno premešamo. Meso odstranite iz ponve. Ponovite s preostalim mesom. Meso odstavimo.

3. V nizozemsko pečico dodajte gobe, zeleno, rdečo čebulo in česen. Med občasnim mešanjem kuhamo 5 minut. Meso vrnite v nizozemsko pečico. Previdno prilijte juho iz piščančjih kosti. kuhar; Zmanjšajte toploto. Pokrijte in dušite 45 minut. Vmešajte bučo. Pokrijte in dušite še 10 do 15 minut ali dokler se svinjina in buča ne zmehčata. Vmešajte gorčično zelenje in žajbelj. Kuhajte 2 do 3 minute ali dokler se zelenjava ravno ne zmehča. Vmešajte limonin sok.

S SADJEM POLNJEN ZREZEK IZ LEDJA Z ŽGANO OMAKO

PRIPRAVE:30 minut kuhanja: 10 minut praženja: 1 ura 15 minut stoji: 15 minut naredi: 8 do 10 obrokov

TA ELEGANTNA PEČENKA JE KOT NALAŠČ ZAPOSEBNA PRILOŽNOST ALI DRUŽINSKO SREČANJE – ŠE POSEBEJ JESENI. NJENI OKUSI – JABOLKA, MUŠKATNI OREŠČEK, SUHO SADJE IN OREHI – UJAMEJO BISTVO TISTE SEZONE. POSTREZITE S PIRE KROMPIRJEM IN BOROVNICAMI TER SOLATO IZ PEČENEGA RDEČEGA ZELJA (GL.RECEPT).

FRY
1 žlica oljčnega olja
2 skodelici sesekljanih, olupljenih jabolk Granny Smith (približno 2 srednji)
1 šalotka, drobno sesekljana
1 žlica sesekljanega svežega timijana
¾ čajne žličke sveže mletega črnega popra
⅛ čajne žličke mletega muškatnega oreščka
½ skodelice sesekljanih nezrelih suhih marelic
¼ skodelice sesekljanih pekanov, opečenih (glejnapitnina)
1 skodelica piščančje kostne juhe (glejrecept) ali piščančjo juho brez dodane soli
1 3-kilogramski zrezek iz svinjskega hrbta brez kosti (en sam hrbet)

BRANDY OMAKA
2 žlici jabolčnega moštnika
2 žlici konjaka
1 žlička dijonske gorčice (glejrecept)
Sveže mleti črni poper

1. Za nadev v veliki ponvi na srednjem ognju segrejte olivno olje. Dodajte jabolka, šalotko, timijan, ¼ čajne žličke paprike in muškatni oreščka; kuhajte 2 do 4 minute ali

dokler jabolka in šalotka niso mehke in bledo zlate barve, občasno premešajte. Vmešajte marelice, orehe in 1 žlico juhe. Odkrito kuhamo 1 minuto, da se marelice zmehčajo. Odstranite z ognja in odstavite.

2. Pečico segrejte na 325°F. Svinjsko pečenko narežite tako, da sredino pečenke prerežete po dolžini in zarežete do ½ palca od druge strani. Pečeno razprite. Postavite nož v V-rez, ga obrnite vodoravno na eno stran od V-ja in odrežite do ½ palca od stranice. Ponovite na drugi strani V. Pečeno razgrnemo in pokrijemo s plastično folijo. Delajte od sredine proti robom, zrezek udarite s kladivom za meso, dokler ni debel približno ¾ palca. Odstranite in zavrzite plastično folijo. Nadev razporedimo po vrhu pečenke. Začnite s krajšo stranjo in zvijte zrezek v spiralo. Na več mestih zavežite s kuhinjsko vrvico iz 100 % bombaža, da bo pečenka držala skupaj. Pečeno potresemo s preostalo ½ žličke popra.

3. Zrezek položite na rešetko v plitvi pekač. V sredino pečenke (ne v nadev) vstavite termometer za pečico. Pecite nepokrito 1 uro 15 minut do 1 uro 30 minut ali dokler termometer ne zabeleži 145 °F. Odstranite pečenko in ohlapno pokrijte s folijo; pustite stati 15 minut pred rezanjem.

4. Medtem za omako iz žganja premešajte preostalo osnovo in jabolčni mošt v kapljice v ponvi ter stepajte, da postrgate porjavele koščke. Odcedite kapljice v srednje veliko ponev. kuhar; kuhajte približno 4 minute ali dokler se omaka ne zmanjša za eno tretjino. Vmešajte žganje in

dijonsko gorčico. Začinite po okusu z dodatnim poprom. K svinjski pečenki postrežemo omako.

SVINJSKA PEČENKA V STILU PORCHETTA

PRIPRAVE: 15 minut mariniranja: čez noč: 40 minut praženja: 1 ura naredi: 6 obrokov

TRADICIONALNA ITALIJANSKA PORCHETTA (V AMERIŠKI ANGLEŠČINI VČASIH NAPISANO PORKETTA) JE PRAŠIČEK BREZ KOSTI, POLNJEN S ČESNOM, KOROMAČEM, POPROM IN ZELIŠČI, KOT STA ŽAJBELJ ALI ROŽMARIN, KI SE NATO NATAKNE NA NABODALO IN SPEČE NA DRVA. OBIČAJNO JE TUDI MOČNO NASOLJENA. TA PALEO RAZLIČICA JE POENOSTAVLJENA IN ZELO OKUSNA. ŽAJBELJ ZAMENJAJTE S SVEŽIM ROŽMARINOM, ČE ŽELITE, ALI PA UPORABITE MEŠANICO OBEH ZELIŠČ.

1 2- do 3-kilogramski zrezek iz svinjskega hrbta brez kosti
2 žlici komarčkovih semen
1 žlička črnega popra v zrnu
½ žličke zdrobljene rdeče paprike
6 strokov česna, sesekljanih
1 žlica drobno naribane pomarančne lupinice
1 žlica sesekljanega svežega žajblja
3 žlice oljčnega olja
½ dcl suhega belega vina
½ skodelice piščančje kostne juhe (glej recept) ali piščančjo juho brez dodane soli

1. Odstranite svinjsko pečenko iz hladilnika; pustite stati na sobni temperaturi 30 minut. Medtem v majhni ponvi prepražite semena komarčka na srednje močnem ognju, pogosto mešajte, približno 3 minute ali dokler ne postanejo temne barve in dišijo; Kul. Prenesite v mlinček za začimbe ali čist mlinček za kavo. Dodamo poprova zrna in mleto rdečo papriko. Zmeljemo do srednje fine konsistence. (Ne meljite v prah.)

2. Pečico segrejte na 325°F. V majhni skledi zmešajte mlete začimbe, česen, pomarančno lupino, žajbelj in olivno olje, da naredite pasto. Svinjsko pečenko položite na rešetko v manjši pekač. Mešanico natrite čez svinjino. (Če želite, začinjeno svinjino položite v stekleni pekač velikosti 9 × 13 × 2 palcev. Pokrijte s plastično folijo in čez noč postavite v hladilnik, da se marinira. Pred kuhanjem meso prenesite v pekač in pustite stati na sobni temperaturi 30 minut pred kuhanjem.)

3. Svinjino pecite 1 do 1½ ure ali dokler termometer s takojšnjim odčitavanjem, vstavljen v sredino pečenke, ne pokaže 145 °F. Pečeno prestavimo na desko za rezanje in jo ohlapno pokrijemo s folijo. Pred rezanjem pustite stati 10 do 15 minut.

4. Medtem nalijte sok iz ponve v stekleno merico. Posneti maščobo z vrha; dati na stran. Ponev pristavimo na kuhalno ploščo. V ponev vlijemo vino in juho iz piščančjih kosti. Zavremo na zmernem ognju in mešamo, da postrgamo morebitne porjavele koščke. Kuhajte približno 4 minute oziroma toliko časa, da se zmes rahlo zreducira. Mešajte v rezerviranih sokovih; obremenitev. Svinjino narežemo in postrežemo z omako.

TOMATILLO DUŠEN SVINJSKI HRBET

PRIPRAVE:40 minut Pečenje: 10 minut Kuhanje: 20 minut Praženje: 40 minut Stoje: 10 minut Naredi: 6 do 8 obrokov

TOMATILLOS IMA LEPLJIVO, SOČNO PREVLEKOPOD NJIHOVO PAPIRNATO KOŽO. KO ODSTRANITE KOŽO, JIH NA HITRO SPERITE POD TEKOČO VODO IN PRIPRAVLJENE SO ZA UPORABO.

1 funt paradižnikov, olupljenih, otresenih in oplaknjenih

4 serrano čilije, brez pecljev, sredico in razpolovljene (glej napitnina)

2 jalapeños, brez peclja, stržen in razpolovljen (glej napitnina)

1 velika rumena paprika, otresena, izrezana in razpolovljena

1 velika pomarančna paprika, očiščena pecljev, stržen in razpolovljena

2 žlici olivnega olja

1 2- do 2½-kilogramska pečenka iz svinjskega hrbta brez kosti

1 velika rumena čebula, olupljena, prepolovljena in na tanke rezine narezana

4 stroki česna, sesekljani

¾ skodelice vode

¼ skodelice svežega limetinega soka

¼ skodelice sesekljanega svežega cilantra

1. Brojlerja segrejte na visoko. Pekač obložite s folijo. Na pripravljen pekač razporedite paradižnike, serrano čili, jalapeños in papriko. Pecite zelenjavo 4 cm od vročine, dokler dobro ne zogleni, občasno obrnite tomatillos in odstranite zelenjavo, ko zoglene, približno 10 do 15 minut. Serrano, jalapeños in tomatillos položite v skledo. Paprike položimo na krožnik. Zelenjavo odstavimo, da se ohladi.

2. V veliki ponvi segrejte olje na srednjem ognju, dokler ne zasveti. Svinjsko pečenko obrišemo s čistimi papirnatimi brisačkami in položimo v ponev. Pečemo, da se lepo zapeče z vseh strani, zrezek obračamo, da se enakomerno

obarva. Pečeno prestavimo na krožnik. Ogenj znižajte na srednje. Dodajte čebulo v ponev; kuhajte in mešajte 5 do 6 minut ali dokler ne porjavi. Dodajte česen; kuhamo še 1 minuto. Ponev odstavimo z ognja.

3. Pečico segrejte na 350°F. Za omako tomatillo zmešajte paradižnike, serranos in jalapeños v kuhinjskem robotu ali mešalniku. Pokrijte in mešajte ali obdelajte do gladkega; dodajte čebulo v ponev. Ponev vrnite na ogenj. kuhar; kuhajte 4 do 5 minut ali dokler zmes ni temna in gosta. Vmešajte vodo, limetin sok in koriander.

4. Paradižnikovo omako razporedite po plitvi enolončnici ali 3-četrtskem pravokotnem pekaču. V omako damo svinjsko pečenko. Tesno pokrijte s folijo. Pečemo 40 do 45 minut ali dokler termometer s takojšnjim odčitavanjem, vstavljen v sredino pečenke, ne pokaže 140 °F.

5. Papriko narežemo na trakove. Vmešajte v omako tomatillo v ponvi. Šotor na razteg s folijo; pustite stati 10 minut. Narežite meso; vmešamo v omako. Postrezite narezano svinjsko meso, izdatno prelito s tomatillo omako.

SVINJSKI FILE POLNJEN Z MARELICAMI

PRIPRAVE:20 minut praženja: 45 minut stanja: 5 minut naredi: 2 do 3 porcije

2 srednje veliki sveži marelici, grobo narezani
2 žlici nebeljenih rozin
2 žlici sesekljanih orehov
2 žlički naribanega svežega ingverja
¼ čajne žličke mletega kardamoma
1 12-unčni svinjski file
1 žlica oljčnega olja
1 žlica dijonske gorčice (glej recept)
¼ čajne žličke črnega popra

1. Pečico segrejte na 375°F. Pekač obložite s folijo; na pekač položite rešetko.

2. V majhni skledi zmešajte marelice, rozine, orehe, ingver in kardamom.

3. Po dolžini naredite zarez na sredini svinjine, zarežite do ½ palca od druge strani. Odpri metulja. Svinjino položite med dve plasti plastične folije. S ploščato stranjo kladiva za meso rahlo pretlačite meso, dokler ni debelo približno ½ palca. Zadnji konec zložite navznoter, da naredite enakomeren pravokotnik. Meso rahlo potolčemo, da postane enakomerno debelo.

4. Marelično mešanico razporedite po svinjini. Začnite na ozkem koncu in zvijte svinjino. Zavežite s kuhinjsko vrvico iz 100 % bombaža, najprej na sredini, nato pa v intervalih po 1 cm. Zrezek položimo na žar.

5. Zmešajte oljčno olje in dijonsko gorčico; s čopičem premažite pečenko. Pečeno potresemo s poprom. Pečemo

45 do 55 minut ali dokler termometer s takojšnjim odčitavanjem, vstavljen v sredino pečenke, ne zabeleži 140 °F. Pred rezanjem pustite stati 5 do 10 minut.

V ZELIŠČIH PEČEN SVINJSKI FILE S HRUSTLJAVIM ČESNOVIM OLJEM

PRIPRAVE:15 minut praženja: 30 minut kuhanja: 8 minut stanja: 5 minut naredi: 6 obrokov

⅓ skodelice dijonske gorčice (glejte<u>recept</u>)
¼ skodelice sesekljanega svežega peteršilja
2 žlici sesekljanega svežega timijana
1 žlica sesekljanega svežega rožmarina
½ žličke črnega popra
2 svinjska fileja po 12 unč
½ skodelice oljčnega olja
¼ skodelice drobno sesekljanega svežega česna
¼ do 1 čajna žlička zdrobljene rdeče paprike

1. Pečico segrejte na 450°F. Pekač obložite s folijo; na pekač položite rešetko.

2. V majhni skledi zmešajte gorčico, peteršilj, timijan, rožmarin in črni poper, da dobite pasto. Po vrhu in straneh svinjine razporedite mešanico gorčice in zelišč. Prenesite svinjino na žar. Pečeno postavimo v pečico; znižajte temperaturo na 375°F. Pečemo 30 do 35 minut ali dokler termometer s takojšnjim odčitavanjem, vstavljen v sredino pečenke, ne zabeleži 140 °F. Pred rezanjem pustite stati 5 do 10 minut.

3. Medtem za česnovo olje v majhni ponvi zmešajte olivno olje in česen. Kuhajte na srednje močnem ognju 8 do 10 minut ali dokler česen ne postane zlate barve in začne hrustljati (ne pustite, da se česen zažge). Odstranite z ognja; vmešamo zdrobljeno rdečo papriko. Narezana svinjina; žlico česnovega olja čez rezine pred serviranjem.

INDIJSKO ZAČINJENA SVINJINA S KOKOSOVO OMAKO

ZAČETEK DO KONCA: 20 minut pomeni: 2 porciji

3 žličke karija v prahu
2 žlički nesoljene garam masale
1 čajna žlička mlete kumine
1 čajna žlička mletega koriandra
1 12-unčni svinjski file
1 žlica oljčnega olja
½ skodelice naravnega kokosovega mleka (kot je znamka Nature's Way)
¼ skodelice sesekljanega svežega cilantra
2 žlici naribane sveže mete

1. V majhni skledi zmešajte 2 čajni žlički karija, garam masale, kumine in koriandra. Svinjino narežite na ½-palčne rezine; potresemo z začimbami. .

2. V večji ponvi segrejte olivno olje na zmernem ognju. Dodajte svinjske rezine v ponev; kuhajte 7 minut in enkrat obrnite. Odstranite svinjino iz ponve; pokrijte, da ostane toplo. Za omako v ponev dodajte kokosovo mleko in preostalo 1 čajno žličko karija v prahu ter premešajte, da postrgate vse koščke. Dušimo 2 do 3 minute. Vmešajte koriander in meto. Dodajte svinjino; kuhajte, dokler se ne segreje, z omako prelijte svinjino.

SVINJSKI SCALOPPINI Z ZAČINJENIMI JABOLKI IN KOSTANJEM

PRIPRAVE:20 minut kuhanja: 15 minut naredi: 4 porcije

2 svinjska fileja po 12 unč
1 žlica čebule v prahu
1 žlica česna v prahu
½ žličke črnega popra
2 do 4 žlice oljčnega olja
2 jabolki Fuji ali Pink Lady, olupljeni, stržani in grobo narezani
¼ skodelice drobno sesekljane šalotke
¾ čajne žličke mletega cimeta
⅛ čajne žličke mletih nageljnovih žbic
⅛ čajne žličke mletega muškatnega oreščka
½ skodelice piščančje kostne juhe (glej recept) ali nesoljene piščančje juhe
2 žlici svežega limoninega soka
½ skodelice oluščenih pečenih kostanjev, sesekljanih* ali sesekljanih pekanov
1 žlica sesekljanega svežega žajblja

1. Fileje narežite na ½ cm debele rezine pod kotom. Rezine svinjine položite med dve plasti plastične folije. Z ravno stranjo kladiva za meso pretlačite na tanko. Rezine potresemo s čebulo v prahu, česnom v prahu in črnim poprom.

2. V večji ponvi segrejte 2 žlici oljčnega olja na zmernem ognju. Svinjino kuhajte v serijah 3 do 4 minute, enkrat obrnite in po potrebi dodajte olje. Prenesite svinjino na krožnik; pokrijte in hranite na toplem.

3. Ogenj povečajte na srednje močan. Dodajte jabolka, šalotko, cimet, nageljnove žbice in muškatni oreček. Kuhajte in mešajte 3 minute. Primešamo juho iz piščančjih kosti in

limonin sok. Pokrijte in kuhajte 5 minut. Odstranite z ognja; vmešamo kostanj in žajbelj. Jabolčno mešanico postrezite čez svinjino.

*Opomba: Za pečenje kostanja pečico segrejte na 400°F. Na eni strani kostanjeve lupine zarežite X. To bo omogočilo, da se koža med kuhanjem zrahlja. Kostanj položite v pekač in pecite 30 minut oziroma dokler se lupine ne odlepijo od oreščkov in se oreščki ne zmehčajo. Pečen kostanj zavijemo v čisto kuhinjsko krpo. Z rumeno-belega oreha olupimo lupino in kožo.

SVINJSKI FAJITA WOK

PRIPRAVE:20 minut kuhanja: 22 minut pomeni: 4 porcije

1 funt svinjske fileje, narezan na 2-palčne trakove
3 žlice začimbe fajita brez soli ali mehiške začimbe (glejte recept)
2 žlici olivnega olja
1 majhna čebula, narezana na tanke rezine
½ rdeče paprike, brez jedra in narezane na tanke rezine
½ pomarančne paprike, brez jedra in narezane na tanke rezine
1 jalapeño, otresen in narezan na tanke rezine (glej napitnina) (neobvezno)
½ čajne žličke kumine
1 skodelica na tanko narezane sveže gobe
3 žlice svežega limetinega soka
½ skodelice sesekljanega svežega cilantra
1 avokado, izkoščičen, olupljen in narezan na kocke
Zaželena salsa (glej recept)

1. Svinjino potresemo z 2 žlicama začimbe fajita. V zelo veliki ponvi segrejte 1 žlico olja na srednje močnem ognju. Dodajte polovico svinjine; kuhajte in mešajte približno 5 minut ali dokler ni več rožnata. Meso prestavimo v skledo in pokrijemo, da ostane toplo. Ponovite s preostalim oljem in svinjino.

2. Ogenj nastavite na srednje. Dodajte preostalo 1 žlico začimbe fajita, čebulo, papriko, jalapeño in kumino. Kuhajte in mešajte približno 10 minut oziroma dokler se zelenjava ne zmehča. Vse meso in nabrani sok vrnite v ponev. Vmešajte gobe in limetin sok. Kuhajte, dokler se ne segreje. Odstranite ponev z vročine; vmešajte cilantro. Postrezite z avokadom in želeno salso.

SVINJSKI FILE S PORTOVCEM IN SUHIMI SLIVAMI

PRIPRAVE:10 minut cvrtja: 12 minut mirovanja: 5 minut: 4 porcije

PORTO JE MOČNO VINO,KAR POMENI, DA IMA DODAN ŽGANJE, PODOBNO ŽGANJU, DA USTAVI PROCES FERMENTACIJE. TO POMENI, DA JE V NJEM VEČ OSTANKA SLADKORJA KOT V RDEČEM NAMIZNEM VINU IN JE ZATO SLAJŠEGA OKUSA. TO NI NEKAJ, KAR BI ŽELELI PITI VSAK DAN, A ČE GA OBČASNO UPORABITE PRI KUHANJU, JE V REDU.

2 svinjska fileja po 12 unč

2½ žličke mletega koriandra

¼ čajne žličke črnega popra

2 žlici olivnega olja

1 šalotka, narezana

½ dl portovca

½ skodelice piščančje kostne juhe (glej recept) ali piščančjo juho brez dodane soli

20 izkoščičenih neobdelanih suhih sliv (suhih sliv)

½ žličke zdrobljene rdeče paprike

2 žlički sesekljanega svežega pehtrana

1. Pečico segrejte na 400°F. Svinjino potresemo z 2 žličkama koriandra in črnega popra.

2. V veliki ponvi, odporni na pečico, segrejte olivno olje na zmernem ognju. File položimo v ponev. Kuhajte, dokler ne porjavi z vseh strani, tako da enakomerno porjavi, približno 8 minut. Pekač postavimo v pečico. Pecite nepokrito približno 12 minut ali dokler termometer s takojšnjim odčitavanjem, vstavljen v sredino pečenke, ne

zabeleži 140 °F. File prenesite na desko za rezanje. Rahlo pokrijte z aluminijasto folijo in pustite stati 5 minut.

3. Medtem za omako odcedite maščobo iz ponve in prihranite 1 žlico. Šalotko kuhajte v prihranjeni kapljici v ponvi na srednjem ognju približno 3 minute ali dokler ne porjavi in postane mehka. V ponev dodajte portovec. Zavremo in mešamo, da postrgamo morebitne porjavele koščke. Dodajte juho iz piščančjih kosti, suhe slive, zdrobljeno rdečo papriko in preostalo ½ čajne žličke cilantra. Kuhajte na zmernem ognju, da se nekoliko zmanjša, približno 1 do 2 minuti. Vmešamo pehtran.

4. Svinjino narežite in postrezite s suhimi slivami in omako.

SVINJINA V SLOGU MOO SHU V SOLATNIH SKODELICAH S HITRO VLOŽENO ZELENJAVO

ZAČETEK DO KONCA: 45 minut pomeni: 4 obroke

ČE STE JEDLI TRADICIONALNO MOO SHU JED V KITAJSKI RESTAVRACIJI VESTE, DA GRE ZA OKUSEN MESNO-ZELENJAVNI NADEV, KI GA JEDO V TANKIH PALAČINKAH S SLADKO SLIVOVO ALI HOISIN OMAKO. TA LAŽJA IN SVEŽA PALEO RAZLIČICA VKLJUČUJE SVINJINO, KITAJSKO ZELJE IN GOBE ŠITAKE, PREPRAŽENE V INGVERJU IN ČESNU, UŽIVATE PA JO V ZAVITKIH ZELENE SOLATE S HRUSTLJAVO VLOŽENO ZELENJAVO.

VLOŽENA ZELENJAVA
1 skodelica julienned korenja

1 skodelica julienned redkve daikon

¼ skodelice narezane rdeče čebule

1 skodelica nesladkanega jabolčnega soka

½ skodelice jabolčnega kisa

SVINJINA
2 žlici oljčnega olja ali rafiniranega kokosovega olja

3 jajca, rahlo stepena

8 unč svinjskega hrbta, narezanega na 2×½-palčne trakove

2 žlički drobno sesekljanega svežega ingverja

4 stroki česna, sesekljani

2 dl tanko narezanega zelja napa

1 skodelica na tanke rezine narezanih gob šitake

¼ skodelice na tanke rezine narezanih kapesant

8 listov zelene solate

1. Za hitro vloženo zelenjavo zmešajte korenje, daikon in čebulo v veliki skledi. Za slanico segrejte jabolčni sok in kis v ponvi, dokler se para ne dvigne. Zelenjavo v skledi prelijemo s slanico; pokrijte in ohladite do serviranja.

2. V veliki ponvi segrejte 1 žlico olja na srednje močnem ognju. Jajca rahlo stepemo z metlico. Dodajte jajca v ponev; kuhajte brez mešanja, dokler se ne strdi na dno, približno 3 minute. S gibljivo lopatko jajce nežno obrnite in specite še na drugi strani. Jajce potisnite iz ponve na krožnik.

3. Vrnite ponev na vročino; dodajte preostalo 1 žlico olja. Dodajte svinjske trakce, ingver in česen. Kuhajte in mešajte na srednjem ognju približno 4 minute ali dokler svinjina ni več rožnata. Dodamo zelje in gobe; kuhamo in mešamo približno 4 minute oziroma dokler zelje ne oveni, se gobe zmehčajo in svinjina ni kuhana. Ponev odstavimo z ognja. Kuhano jajce narežemo na trakove. V mešanico svinjine nežno vmešajte jajčne trakove in zeleno čebulo. Postrežemo v solatnih listih in obložimo z vloženo zelenjavo.

SVINJSKI KOTLETI Z MAKADAMIJO, ŽAJBLJEM, FIGAMI IN PIRE KROMPIRJEM

PRIPRAVE: 15 minut kuhanja: 25 minut naredi: 4 porcije

POLEG PIRE SLADKEGA KROMPIRJA, TI SOČNI KOTLETI Z ŽAJBLJEM SO POPOLN JESENSKI OBROK – IN TAKŠEN, KI SE HITRO PRIPRAVI, ZATO JE POPOLN ZA NAPOREN TEDENSKI VEČER.

4 svinjske kotlete brez kosti, narezane na 1¼ palca debelo

3 žlice sesekljanega svežega žajblja

¼ čajne žličke črnega popra

3 žlice olja makadamije

2 funta sladkega krompirja, olupljenega in narezanega na 1-palčne kose

¾ skodelice sesekljanih orehov makadamije

½ skodelice sesekljanih suhih fig

⅓ skodelice goveje juhe (glej recept) ali govejo juho brez dodane soli

1 žlica svežega limoninega soka

1. Svinjske kotlete na obeh straneh potresemo z 2 žlicama žajblja in poprom; vtrite s prsti. V večji ponvi segrejte 2 žlici olja na zmernem ognju. Dodajte zrezke v ponev; kuhajte 15 do 20 minut ali dokler ni končano (145 °F), pri čemer jih na polovici kuhanja enkrat obrnite. Prenesite kotlete na krožnik; pokrijte, da ostane toplo.

2. Medtem v veliki ponvi zmešajte sladki krompir in dovolj vode. kuhar; Zmanjšajte toploto. Pokrijte in dušite 10 do 15 minut oziroma dokler se krompir ne zmehča. Krompir odcedimo. Krompirju dodamo preostalo žlico olja makadamije in kremasto pretlačimo; obdrži toplo.

3. Za omako v ponev dodajte oreščke makadamije; kuhamo na srednjem ognju, dokler ne popečemo. Dodajte suhe fige in preostalo 1 žlico žajblja; vreti 30 sekund. V ponev dodajte govejo osnovo in limonin sok ter premešajte, da postrgate morebitne porjavele koščke. Z omako prelijemo svinjske kotlete in postrežemo s pirejem iz sladkega krompirja.

SVINJSKI KOTLETI IZ PEČENEGA ROŽMARINA IN SIVKE Z GROZDJEM IN PRAŽENIMI OREHI

PRIPRAVE: 10 minut kuhanja: 6 minut cvrtja: 25 minut naredi: 4 porcije

GROZDJE POPEČEMO SKUPAJ S SVINJSKIMI KOTLETIOKREPI NJIHOV OKUS IN SLADKOBO. SKUPAJ S HRUSTLJAVO OPEČENIMI OREHI IN POSIPOM SVEŽEGA ROŽMARINA SO ČUDOVIT PRELIV ZA TE KREPKE KOTLETE.

2 žlici sesekljanega svežega rožmarina

1 žlica sesekljane sveže sivke

½ žličke česna v prahu

½ žličke črnega popra

4 svinjske kotlete, narezane na 1¼ palca debelo (približno 3 funte)

1 žlica oljčnega olja

1 velika šalotka, narezana na tanke rezine

1½ skodelice rdečega in/ali zelenega grozdja brez pečk

½ dcl suhega belega vina

¾ skodelice grobo sesekljanih orehov

Nasekljan svež rožmarin

1. Pečico segrejte na 375°F. V majhni skledi zmešajte 2 žlici rožmarina, sivke, česna v prahu in popra. Mešanico zelišč enakomerno vtrite v svinjske kotlete. V posebej veliki ponvi, odporni na pečico, segrejte olivno olje na zmernem ognju. Dodajte zrezke v ponev; kuhajte 6 do 8 minut ali dokler ne porjavi na obeh straneh. Prenesite kotlete na krožnik; pokrijemo s folijo.

2. V ponev dodajte šalotko. Kuhajte in mešajte na srednjem ognju 1 minuto. Dodajte grozdje in vino. Kuhajte še

približno 2 minuti in mešajte, da postrgate morebitne porjavele koščke. Svinjske kotlete vrnite v ponev. Postavite ponev v pečico; pečemo 25 do 30 minut ali dokler so kotleti pečeni (145 °F).

3. Medtem v plitek pekač razporedimo orehe. Dodamo v pečico s kotleti. Pražimo približno 8 minut ali dokler ne popečemo, enkrat premešamo, da se enakomerno zapeče.

4. Za serviranje svinjske kotlete obložite z grozdjem in praženimi orehi. Dodatno potresemo s svežim rožmarinom.

SVINJSKI KOTLETI VSE FIORENTINE Z BROKOLIJEM NA ŽARU RABE

PRIPRAVE:20 minut žara: 20 minut mariniranja: 3 minute naredi: 4 porcijeFOTOGRAFIJA

"VSA FIORENTINA" V BISTVU POMENI "V SLOGU FIRENC." TA RECEPT SE ZGLEDUJE PO BISTECCA ALLA FIORENTINA, TOSKANSKI T-BONE, PEČENI NA LESENEM OGNJU Z NAJPREPROSTEJŠIMI ZAČIMBAMI - OBIČAJNO LE OLJČNO OLJE, SOL, ČRNI POPER IN KANČEK SVEŽE LIMONE ZA ZAKLJUČEK.

1 funt rabe brokolija

1 žlica oljčnega olja

4 6- do 8-unč svinjski kotleti s kostmi, narezani na 1½ do 2 palca debelo

Grobo mlet črni poper

1 limona

4 stroki česna, narezani na tanke rezine

2 žlici sesekljanega svežega rožmarina

6 listov svežega žajblja, sesekljanih

1 čajna žlička zdrobljenih kosmičev rdeče paprike (ali po okusu)

½ skodelice oljčnega olja

1. Brokoli blanširajte v velikem loncu z vrelo vodo 1 minuto. Takoj prestavite v skledo z ledeno vodo. Ko se brokoli ohladi, ga odcedite na pekač, obložen s papirnatimi brisačami, in ga čim bolj posušite z dodatnimi papirnatimi brisačami. Odstranite papirnate brisače iz pekača. Pokapljajte brokoli rabe z 1 žlico oljčnega olja, premešajte na plašč; odložite, dokler ni pečen na žaru.

2. Svinjske kotlete na obeh straneh potresemo z grobo mletim poprom; dati na stran. Z lupilcem zelenjave odstranite trakove lupine z limone (limono shranite za drugo

uporabo). Na velik servirni krožnik raztresite trakove limonine lupinice, narezan česen, rožmarin, žajbelj in zdrobljeno rdečo papriko; dati na stran.

3. Za žar na oglje premaknite večino žarečega oglja na eno stran žara, nekaj oglja pa pustite pod drugo stranjo žara. Kotlete pražite neposredno nad vročim ogljem 2 do 3 minute ali dokler ne nastane rjava skorjica. Kotlete obrnemo in pečemo še 2 minuti na drugi strani. Kotlete prestavite na drugo stran žara. Pokrijte in pecite na žaru 10 do 15 minut ali dokler ni končano (145 °F). (Za plinski žar predhodno segrejte žar; znižajte toploto na eni strani žara na srednjo. Kotlete prepražite, kot je navedeno zgoraj, na močnem ognju. Premaknite se na srednje vročo stran žara in nadaljujte, kot je navedeno zgoraj.)

4. Kotlete položite na krožnik. Kotlete pokapajte s ½ skodelice olivnega olja in jih obrnite, da jih premažete na obeh straneh. Pustite, da se kotleti marinirajo 3 do 5 minut, preden jih postrežete, jih enkrat ali dvakrat obrnite, da se meso prepoji z okusi limonine lupinice, česna in zelišč.

5. Medtem ko kotleti počivajo, na žaru spečemo brokoli, da rahlo zogleni in segrejemo. Na krožnik s svinjskimi kotleti razporedite brokoli rabe; z žlico nekaj marinade prelijte po vsakem kotletu in brokoliju, preden ga postrežete.

ESCAROLE, POLNJENI SVINJSKI KOTLETI

PRIPRAVE: 20 minut kuhanja: 9 minut pomeni: 4 porcije

ESCAROLE LAHKO JESTE KOT ZELENO SOLATOALI RAHLO PREPRAŽIMO S ČESNOM NA OLJČNEM OLJU ZA HITRO PRILOGO. TUKAJ V KOMBINACIJI Z OLJČNIM OLJEM, ČESNOM, ČRNIM POPROM, ZDROBLJENO RDEČO PAPRIKO IN LIMONO POSTANE ČUDOVIT SVETLO ZELEN NADEV ZA SOČNE SVINJSKE KOTLETE V PONVI.

4 6- do 8-unč svinjski kotleti s kostmi, narezani na ¾ palca debelo

½ srednje velikega escarola, drobno sesekljanega

4 žlice oljčnega olja

1 žlica svežega limoninega soka

¼ čajne žličke črnega popra

¼ čajne žličke zdrobljene rdeče paprike

2 velika stroka česna, sesekljana

Olivno olje

1 žlica sesekljanega svežega žajblja

¼ čajne žličke črnega popra

⅓ skodelice suhega belega vina

1. Z nožem za lupljenje zarežite globok žep, širok približno 2 cm, na ukrivljeni strani vsakega svinjskega kotleta; dati na stran.

2. V veliki skledi zmešajte escarole, 2 žlici oljčnega olja, limonin sok, ¼ žličke črnega popra, zdrobljeno rdečo papriko in česen. Vsak kotlet nadevamo s četrtino mešanice. Kotlete premažite z olivnim oljem. Potresemo z žajbljem in ¼ čajne žličke mletega črnega popra.

3. Preostali 2 žlici oljčnega olja segrejte v zelo veliki ponvi na srednjem ognju. Svinjino pražimo 4 minute na vsaki strani do zlato rjave barve. Kotlete prestavimo na krožnik. V ponev dodajte vino in postrgajte vse porjavele koščke. Zmanjšajte sok v ponvi za 1 minuto.

4. Pred serviranjem pokapajte kotlete s sokom iz ponve.

SVINJSKI KOTLETI Z DIJONSKIMI OREHI

PRIPRAVE:15 minut kuhanja: 6 minut peke: 3 minute naredi: 4 porcije FOTOGRAFIJA

TI KOTLETI Z GORČICO IN OREHINE MORE BITI ENOSTAVNEJŠA ZA PRIPRAVO – IN IZKUPIČEK OKUSA VELIKO ODTEHTA TRUD. POSKUSITE JIH Z MASLENO BUČO, POPEČENO S CIMETOM (GLEJTE RECEPT), NEOKLASIČNA WALDORFSKA SOLATA (GLEJ RECEPT), ALI SOLATA IZ BRSTIČNEGA OHROVTA IN JABOLK (GLEJ RECEPT).

- ⅓ skodelice drobno sesekljanih pekan orehov, popečenih (glejte napitnina)
- 1 žlica sesekljanega svežega žajblja
- 3 žlice oljčnega olja
- 4 svinjske kotlete s kostmi na sredini, debeline približno 1 cm (skupaj približno 2 funta)
- ½ žličke črnega popra
- 2 žlici olivnega olja
- 3 žlice dijonske gorčice (glej recept)

1. Pečico segrejte na 400°F. V majhni skledi zmešajte orehe pekan, žajbelj in 1 žlico oljčnega olja.

2. Svinjske kotlete potresemo s poprom. V veliki ponvi, odporni na pečico, segrejte preostali 2 žlici oljčnega olja na močnem ognju. Dodamo kotlete; kuhajte približno 6 minut ali dokler ne porjavi na obeh straneh in enkrat obrnite. Ponev odstavimo z ognja. Kotlete namažite z gorčico v slogu Dijon; potresemo po mešanici pekanov, rahlo pritisnemo v gorčico.

3. Pekač postavimo v pečico. Pecite 3 do 4 minute ali dokler niso zrezki pečeni (145 °F).

OREHOVA SVINJINA S ŠPINAČNO SOLATO IZ ROBIDNIC

PRIPRAVE: 30 minut kuhanja: 4 minute za: 4 porcije

SVINJINA IMA NARAVNO SLADEK OKUSKI SE ODLIČNO PODA K SADJU. MEDTEM KO SO OBIČAJNI OSUMLJENCI JESENSKO SADJE, KOT SO JABOLKA IN HRUŠKE, ALI KOŠČIČASTO SADJE, KOT SO BRESKVE, SLIVE IN MARELICE, JE SVINJINA OKUSNA TUDI Z ROBIDNICAMI, KI IMAJO SLADKO-TRPKI OKUS, PODOBEN VINU.

1⅔ skodelice robid

1 žlica plus 1½ čajne žličke vode

3 žlice orehovega olja

1 žlica plus 1½ čajne žličke belega vinskega kisa

2 jajci

¾ skodelice mandljeve moke

⅓ skodelice drobno sesekljanih orehov

1 žlica plus 1½ čajne žličke sredozemske začimbe (glejte recept)

4 svinjski kotleti ali svinjski kotleti brez kosti (skupaj 1 do 1½ funtov)

6 dl svežih listov mlade špinače

½ skodelice natrganih svežih listov bazilike

½ skodelice narezane rdeče čebule

½ skodelice sesekljanih orehov, opečenih (glej napitnina)

¼ skodelice rafiniranega kokosovega olja

1. Za vinaigrette iz robid zmešajte 1 skodelico robid in vodo v majhni ponvi. kuhar; Zmanjšajte toploto. Pokrito dušimo 4 do 5 minut oziroma toliko časa, da se jagode zmehčajo in postanejo svetlo rdečkasto rjave, občasno premešamo. Odstranite z ognja; nekoliko ohladimo. Neodcejene robide dajte v mešalnik ali predelovalec hrane; pokrijte in zmešajte ali obdelajte, dokler ni gladka. S hrbtno stranjo

žlice pretlačite jagode skozi fino sito; zavrzite semena in trdne snovi. V srednji skledi zmešajte pretlačene jagode, orehovo olje in kis; dati na stran.

2. Velik pekač obložite s pergamentnim papirjem; dati na stran. V plitvi posodi z vilicami rahlo stepemo jajca. V drugi plitvi posodi zmešajte mandljevo moko, ⅓ skodelice sesekljanih orehov in sredozemske začimbe. Svinjske kotlete enega za drugim potopite v jajce in nato v mešanico orehov ter jih obrnite, da se enakomerno prekrijejo. Obložene svinjske kotlete položite na pripravljen pekač; dati na stran.

3. V veliki skledi zmešajte špinačo in baziliko. Zelenje razdelite na štiri servirne krožnike in jih razporedite po eni strani krožnikov. Na vrh potresemo ⅔ skodelice jagod, rdečo čebulo in ½ skodelice praženih orehov. Pokapljajte čez robidov vinaigrette.

4. V zelo veliki ponvi segrejte kokosovo olje na srednjem ognju. Dodajte svinjske kotlete v ponev; kuhajte približno 4 minute ali dokler ni končano (145 °F), pri tem pa enkrat obrnite. Svinjske kotlete naložimo na krožnike s solato.

SVINJSKI ŠNICEL S SLADKIM IN KISLIM RDEČIM ZELJEM

PRIPRAVE: 20 minut kuhanja: 45 minut za: 4 porcije

V "PALEO PRINCIPI" DEL TE KNJIGE, MANDLJEVA MOKA (IMENOVANA TUDI MANDLJEVA MOKA) JE NAVEDENA KOT SESTAVINA, KI NI PALEO – NE ZATO, KER JE MANDLJEVA MOKA SLABA SAMA PO SEBI, TEMVEČ ZATO, KER SE POGOSTO UPORABLJA ZA PRIPRAVO PODOBNIH PIŠKOTOV IZ PŠENIČNE MOKE, TORT, PIŠKOTOV ITD., KI NE BI SMELI BITI REDNI DEL REAL PALEO DIET®. Z ZMERNO UPORABO KOT OBLOGO ZA TANKO POKROVAČO SVINJSKE PEČENKE ALI PERUTNINE, KOT JE TUKAJ, NI TEŽAV.

ZELJE

- 2 žlici olivnega olja
- 1 dl sesekljane rdeče čebule
- 6 skodelic na tanko narezanega rdečega zelja (približno ½ glave)
- 2 jabolki Granny Smith, olupljeni, brez peščic in narezani na kocke
- ¾ skodelice svežega pomarančnega soka
- 3 žlice jabolčnega kisa
- ½ čajne žličke semen kumine
- ½ čajne žličke semen zelene
- ½ žličke črnega popra

SVINJINA

- 4 svinjske kotlete brez kosti, narezane na ½ palca debelo
- 2 dl mandljeve moke
- 1 žlica posušene limonine lupine
- 2 žlički črnega popra
- ¾ čajne žličke mletega pimenta
- 1 veliko jajce

¼ skodelice mandljevega mleka

3 žlice oljčnega olja

Limonine rezine

1. Za sladko in kislo zelje segrejte olivno olje na srednje močnem ognju v 6-litrski nizozemski pečici. Dodajte čebulo; kuhajte 6 do 8 minut ali dokler niso mehke in rahlo porjavele. Dodajte zelje; med mešanjem kuhajte 6 do 8 minut ali dokler zelje ni hrustljavo mehko. Dodajte jabolka, pomarančni sok, kis, semena kumine, semena zelene in ½ žličke popra. kuhar; zmanjšajte toploto na nizko. Pokrijte in med občasnim mešanjem kuhajte 30 minut. Odkrijte in kuhajte toliko časa, da se tekočina nekoliko zmanjša.

2. Medtem pri svinjskih zrezkih položite med dva lista plastične folije ali povoščenega papirja. Z ravno stranjo kladiva za meso ali valjarja pretlačite na približno ¼ palca debeline; dati na stran.

3. V plitvi posodi zmešajte mandljevo moko, posušeno limonino lupino, 2 žlički popra in piment. V drugi plitvi posodi stepemo jajce in mandljevo mleko. Svinjske kotlete rahlo potresemo z začinjeno moko, odvečno količino otresemo. Pomakamo v jajčno zmes, nato spet v začinjeno moko, odvečno otresemo. Ponovite s preostalimi zrezki.

4. V veliki ponvi segrejte olivno olje na zmernem ognju. V ponev dodajte 2 kotleta. Kuhajte 6 do 8 minut ali dokler se kotleti ne zapečejo in enkrat obrnete. Kotlete prestavimo na topel krožnik. Ponovite s preostalima 2 kotletoma.

5. Kotlete postrezite z zeljem in rezinami limone.

www.ingramcontent.com/pod-product-compliance
Lightning Source LLC
Chambersburg PA
CBHW070055110526
44587CB00013BB/1693